DISCLAIMER

The author and publisher are providing this book and its contents on an "as is" basis and make no representations or warranties of any kind with respect to this book or its contents. The author and publisher disclaim all such representations and warranties, including but not limited to warranties of merchantability. In addition, the author and publisher do not represent or warrant that the information accessible via this book is accurate, complete, or current.

Except as specifically stated in this book, neither the author nor publisher, nor any authors, contributors, or other representatives will be liable for damages arising out of or in connection with the use of this book. This is a comprehensive limitation of liability that applies to all damages of any kind, including (without limitation) compensatory; direct, indirect, or consequential damages; loss of data, income, or profit; loss of or damage to property; and claims of third parties.

This Book Comes With Free Bonus Puzzles
Available Here:

BestActivityBooks.com/WSBONUS20

5 TIPS TO START!

1) HOW TO SOLVE

The Puzzles are in a Classic Format:

- Words are hidden without breaks (no spaces, dashes, ...)
- Orientation: Forward & Backward, Up & Down or in Diagonal (can be in both directions)
- Words can overlap or cross each other

2) ACTIVE LEARNING

To encourage learning actively, a space is provided next to each word to write down the translation. The **DICTIONARY** allows you to verify and expand your knowledge. You can look up and write down each translation, find the words in the Puzzle then add them to your vocabulary!

3) TAG YOUR WORDS

Have you tried using a tag system? For example, you could mark the words which have been difficult to find with a cross, the ones you loved with a star, new words with a triangle, rare words with a diamond and so on...

4) ORGANIZE YOUR LEARNING

We also offer a convenient **NOTEBOOK** at the end of this edition. Whether on vacation, travelling or at home, you can easily organize your new knowledge without needing a second notebook!

5) FINISHED?

Go to the bonus section: **MONSTER CHALLENGE** to find a free game offered at the end of this edition!

Want more fun and learning activities? It's **Fast and Simple!**
An entire Game Book Collection just **one click away!**

Find your next challenge at:

BestActivityBooks.com/MyNextWordSearch

Ready, Set... Go!

Did you know there are around 7,000 different languages in the world? Words are precious.

We love languages and have been working hard to make the highest quality books for you. Our ingredients?

A selection of indispensable learning themes, three big slices of fun, then we add a spoonful of difficult words and a pinch of rare ones. We serve them up with care and a maximum of delight so you can solve the best word games and have fun learning!

Your feedback is essential. You can be an active participant in the success of this book by leaving us a review. Tell us what you liked most in this edition!

Here is a short link which will take you to your order page.

BestBooksActivity.com/Review50

Thanks for your help and enjoy the Game!

Linguas Classics Team

1 - Food #1

```
R  M  T  S  M  B  U  K  M  O  R  E  L  A
Z  L  D  U  A  A  R  A  C  H  I  D  O  T
C  E  X  J  Ń  Ł  R  Q  L  J  A  J  I  Y
S  K  I  Ę  D  C  A  C  U  K  I  E  R  L
S  O  K  C  G  Z  Z  T  H  F  S  G  W  J
Z  R  T  Z  Ł  O  U  Y  K  E  S  Ó  L  T
P  Z  C  M  F  S  P  I  K  A  W  Z  X  R
I  E  Y  I  C  N  A  F  Ł  X  X  K  B  U
N  P  N  E  Y  E  C  E  B  U  L  A  A  S
A  A  A  Ń  T  K  L  Ł  J  V  C  G  Z  K
K  W  M  G  R  U  S  Z  K  A  M  Z  Y  A
G  G  O  V  Y  B  R  F  M  X  J  Z  L  W
J  Ł  N  J  N  P  Ł  W  G  Y  F  J  I  K
N  D  X  X  A  Ł  C  M  N  D  B  V  A  A
```

MORELA	ARACHID
JĘCZMIEŃ	GRUSZKA
BAZYLIA	SAŁATKA
MARCHEWKA	SÓL
CYNAMON	ZUPA
CZOSNEK	SZPINAK
SOK	TRUSKAWKA
CYTRYNA	CUKIER
MLEKO	TUŃCZYK
CEBULA	RZEPA

2 - Castles

```
Ł  W  Ś  C  I  A  N  A  V  L  N  O  X  C
R  O  I  M  P  E  R  I  U  M  B  H  M  J
P  G  J  E  D  N  O  R  O  Ż  E  C  A  U
D  C  K  E  Ż  Y  N  S  S  M  O  K  T  K
Z  Y  R  V  C  A  G  M  N  J  A  S  A  O
B  Y  N  A  B  Y  Y  I  U  S  O  I  R  Ń
R  D  P  A  Ł  A  C  E  E  J  V  Ą  C  F
O  O  V  D  S  V  N  C  S  G  L  Ż  Z  E
J  K  T  A  Y  T  V  Z  G  Q  P  Ę  A  U
A  O  W  N  H  C  I  R  Y  C  E  R  Z  D
L  R  N  W  K  A  T  A  P  U  L  T  A  A
A  O  K  S  I  Ę  Ż  N  I  C  Z  K  A  L
Z  N  C  K  R  Ó  L  E  S  T  W  O  W  N
Y  A  L  H  S  Z  L  A  C  H  E  T  N  Y
```

ZBROJA	RYCERZ
KATAPULTA	SZLACHETNY
KORONA	PAŁAC
SMOK	KSIĄŻĘ
LOCH	KSIĘŻNICZKA
DYNASTIA	TARCZA
IMPERIUM	MIECZ
FEUDALNY	WIEŻA
KOŃ	JEDNOROŻEC
KRÓLESTWO	ŚCIANA

3 - Measurements

```
M A S A L S T E U V L C B C
E I Ł T K M K T N Y B A J T
T J N J O V K O C V D L V Z
R K J U U P Z N J S J T F G
N Q W M T M I A A L I T R Ł
H W W O F A T E C V P L R Ę
T X E Y E A J T Ń T A R Q B
D Z I E S I Ę T N Y J Y F O
K P K I L O G R A M E I Y K
Q S Z E R O K O Ś Ć P B X O
D Ł U G O Ś Ć O K G R A M Ś
I N O B J Ę T O Ś Ć Y G M Ć
C E N T Y M E T R Ć W A G A
K I L O M E T R C D W A E Ł
```

BAJT	DŁUGOŚĆ
CENTYMETR	LITR
DZIESIĘTNY	MASA
STOPIEŃ	METR
GŁĘBOKOŚĆ	MINUTA
GRAM	UNCJA
WYSOKOŚĆ	TONA
CAL	OBJĘTOŚĆ
KILOGRAM	WAGA
KILOMETR	SZEROKOŚĆ

4 - Farm #2

```
Z K L O K B A Q T K S E G A
W P A W A R Z Y W O Ł J R H
I S M C I Ą G N I K E Ą Ł M
E Z A E Z Y C W P J M Q K L
R E Q R S K M J A G N I Ę A
Z N S K Ł N A G S W Ł O H Ż
Ą I G A Ł X Q S T V I W X Y
T C G B D U M L E K O O T W
F A H M W I A T R A K C F N
B S T O D O Ł A Z Q Q G B O
M R N M K U K U R Y D Z A Ś
N A W A D N I A N I E D Q Ć
R O L N I K J Ę C Z M I E Ń
O Ł N Y L E V J V G U Q W U
```

ZWIERZĄT	LAMA
JĘCZMIEŃ	ŁĄKA
STODOŁA	MLEKO
KUKURYDZA	SAD
KACZKA	OWCE
ROLNIK	PASTERZ
ŻYWNOŚĆ	CIĄGNIK
OWOC	WARZYWO
NAWADNIANIE	PSZENICA
JAGNIĘ	WIATRAK

5 - Books

```
H I S T O R I A D W U J W I
T R A G I C Z N Y I I N H X
E P I C K I O E S E S B U K
P R Z Y G O D A Y R T Ł M O
K P P I S E M N Y S O B O N
P O D U A L I Z M Z T M R T
O W L Ł P E J C M N N N Y E
E I A E M L U J N R E A S K
Z E G U K S T R O N A R T S
J Ś M F T C C F C L I R Y T
A Ć Ł B G O J K N I X A C E
K S L I T E R A C K I T Z L
W Y N A L A Z C Z Y X O N D
C Z Y T E L N I K F Q R Y B
```

PRZYGODA   POWIEŚĆ
AUTOR   STRONA
KOLEKCJA   WIERSZ
KONTEKST   POEZJA
DUALIZM   CZYTELNIK
EPICKI   ISTOTNE
HUMORYSTYCZNY   HISTORIA
WYNALAZCZY   TRAGICZNY
LITERACKI   PISEMNY
NARRATOR

6 - Meditation

```
O  P  I  W  T  S  N  B  S  D  N  S  N  P
D  S  X  D  L  P  A  X  W  Y  A  B  I  C
D  Y  K  Z  K  O  W  R  O  Q  T  Y  F  N
E  C  M  G  Ł  K  Y  G  B  L  U  F  K  C
C  H  C  U  Z  Ó  K  K  I  M  R  X  A  P
H  I  I  M  Z  J  I  O  I  G  A  N  P  N
O  C  S  Y  Ż  Y  C  Z  L  I  W  O  Ś  Ć
W  Z  Z  S  P  W  K  H  N  M  J  X  R  O
Y  N  A  Ł  E  B  Z  A  B  H  P  A  Z  B
U  Y  W  D  Z  I  Ę  C  Z  N  O  Ś  Ć  U
X  W  L  F  M  T  Ł  R  W  P  K  D  A  D
M  X  A  Q  O  Ł  P  U  P  P  Ó  V  D  Z
R  W  G  G  E  M  O  C  J  E  J  F  X  I
E  V  Y  T  A  D  W  H  M  Y  Ś  L  I  Ć
```

UWAGA	PSYCHICZNY
OBUDZIĆ	UMYSŁ
ODDECHOWY	RUCH
SPOKÓJ	MUZYKA
EMOCJE	NATURA
WDZIĘCZNOŚĆ	POKÓJ
NAWYKI	CISZA
ŻYCZLIWOŚĆ	MYŚLI

7 - Days and Months

```
R K W I E C I E Ń L W P I K
Y T Y D Z I E Ń Y D T O I A
G Z L I S T O P A D O N O L
M A O U I X I R L C R I W E
I P I Ą T E K Ł I Q E E W N
E X I A W Y W F P M K D Y D
S O B O T A R A I A W Z X A
I T P A Ź D Z I E R N I K R
Ą S Y X X Y E K C S O A L Z
C R T C M J S Ś I Z Ł Ł Z J
N D Z J S S I E R P I E Ń O
Y M N I L E E T I O X K Z F
K V F I Y Ł Ń E P T D F E X
C Z W A R T E K Z H Z A R H
```

KWIECIEŃ	MIESIĄC
SIERPIEŃ	LISTOPAD
KALENDARZ	PAŹDZIERNIK
LUTY	SOBOTA
PIĄTEK	WRZESIEŃ
STYCZEŃ	CZWARTEK
LIPIEC	WTOREK
MARSZ	ŚRODA
PONIEDZIAŁEK	TYDZIEŃ

8 - Chess

```
S  B  Y  V  S  Ł  W  L  R  C  Z  A  S  K
U  P  G  R  A  X  C  Y  Z  E  Y  Z  M  O
K  D  R  J  O  Z  D  P  Z  O  R  W  P  N
L  Ł  A  Y  O  B  M  U  K  W  S  X  O  K
S  X  C  R  T  X  K  N  P  P  A  V  Ś  U
T  F  Z  Y  W  N  Y  K  R  Ó  L  N  W  R
R  U  K  A  Ł  I  Y  T  Z  Z  M  G  I  S
A  A  R  R  J  H  Y  Y  E  A  I  J  Ę  A
T  P  Ó  N  T  B  X  P  C  S  S  Ł  C  K
E  M  L  D  I  I  X  F  I  A  T  M  E  T
G  X  O  A  P  E  A  I  W  D  R  I  N  J
I  Z  W  Z  T  R  J  P  N  Y  Z  E  I  Ł
A  E  A  S  U  N  D  U  I  J  S  T  E  Y
C  Z  A  R  N  Y  R  K  K  T  C  A  A  T
```

CZARNY	GRACZ
WYZWANIA	PUNKTY
MISTRZ	KRÓLOWA
SPRYTNY	ZASADY
KONKURS	POŚWIĘCENIE
GRA	STRATEGIA
KRÓL	CZAS
PRZECIWNIK	TURNIEJ
BIERNY	

9 - Food #2

```
K G R Ł O P O M I D O R D C
I I K X A S S Z Y N K A W C
Q H W E O Z J O G U R T E Z
C B I I D E Q Ł B S W E H F
L Q W I Ś N I A S E R E X P
B A N A N I W J S I Q J R P
A O B D Ł C Z E K O L A D A
K U R C Z A K S G E W J S J
Ł W O Y E D M E L R H K S A
A G K R B W D L R G Z O J B
Ż B U Y R A I E X U Ł Y V Ł
A M Ł Ż B M H R V T L Y B K
N U Y K A R C Z O C H Q V O
M Q W I N O G R O N O I B P
```

JABŁKO	BAKŁAŻAN
KARCZOCH	RYBA
BANAN	WINOGRONO
BROKUŁY	SZYNKA
SELER	KIWI
SER	GRZYB
WIŚNIA	RYŻ
KURCZAK	POMIDOR
CZEKOLADA	PSZENICA
JAJKO	JOGURT

10 - Family

S	L	B	R	A	T	W	M	Ą	Ż	C	O	A	M
Y	X	E	R	M	O	F	N	T	Ł	I	J	O	A
S	D	Z	I	A	D	E	K	U	W	O	C	Q	C
I	I	Ż	W	T	T	K	C	Q	K	T	I	D	I
O	D	O	E	K	C	A	J	H	F	K	E	W	E
S	Z	N	S	A	B	T	N	C	V	A	C	U	R
T	I	A	S	T	P	O	M	E	P	K	C	J	Z
R	E	Z	O	Z	R	E	G	I	K	W	Ó	E	Y
Z	C	V	G	I	Z	A	K	A	S	F	R	K	Ń
E	I	C	D	Y	O	J	C	O	W	S	K	I	S
N	H	Ł	Q	K	D	U	F	H	E	M	A	I	K
I	G	M	Y	R	E	D	Z	I	E	C	K	O	I
C	L	B	X	T	K	U	Z	Y	N	T	T	V	Z
A	D	Z	I	E	C	I	Ń	S	T	W	O	H	E

PRZODEK
CIOTKA
BRAT
DZIECKO
DZIECIŃSTWO
DZIECI
KUZYN
CÓRKA
OJCIEC
DZIADEK

WNUK
MĄŻ
MACIERZYŃSKI
MATKA
BRATANEK
SIOSTRZENICA
OJCOWSKI
SIOSTRA
WUJEK
ŻONA

11 - Farm #1

```
R  O  L  N  I  C  T  W  O  X  C  S  C  K
C  I  E  L  Ę  Z  E  H  Q  Y  Z  X  I  U
L  T  D  U  V  G  X  P  O  L  E  J  H  R
Z  Z  X  T  G  H  V  L  S  U  M  T  H  C
O  G  R  O  D  Z  E  N  I  E  S  B  T  Z
V  U  M  T  Q  B  S  A  O  B  H  Q  S  A
P  I  E  S  M  I  G  S  Ł  S  Ł  R  F  K
K  Z  L  F  H  Z  J  I  P  N  I  T  Q  O
O  S  S  H  B  O  X  O  W  W  A  A  K  Z
Ń  O  T  J  K  N  P  N  H  R  N  W  N  A
W  O  D  A  R  O  I  A  K  O  V  R  Ó  O
N  K  N  Z  O  D  T  I  K  N  F  Y  W  Z
M  I  Ó  D  W  Q  E  P  V  A  H  Ż  F  Ł
E  F  H  Z  A  P  S  Z  C  Z  O  Ł  A  I
```

ROLNICTWO	OGRODZENIE
PSZCZOŁA	NAWÓZ
BIZON	POLE
CIELĘ	KOZA
KOT	SIANO
KURCZAK	MIÓD
KROWA	KOŃ
WRONA	RYŻ
PIES	NASIONA
OSIOŁ	WODA

12 - Camping

```
K  S  I  Ę  Ż  Y  C  Ł  N  O  E  J  F  H
A  A  Ł  M  S  P  Z  E  F  G  A  E  H  P
B  F  J  H  G  Ó  R  A  H  I  K  Z  G  O
I  D  M  A  P  A  Z  Z  Y  E  C  I  D  L
N  R  B  M  K  M  P  Ł  Y  Ń  Ł  O  K  O
A  Z  A  A  C  E  Q  J  J  G  M  R  H  W
Q  E  O  K  O  M  P  A  S  K  O  O  U  A
Z  W  I  E  R  Z  Ą  T  L  A  S  D  E  N
N  A  M  I  O  T  Z  A  O  P  U  M  A  I
T  A  X  M  J  L  A  R  P  E  G  O  X  E
Ł  J  T  A  I  I  B  G  F  L  Q  W  W  T
J  O  I  U  Y  N  A  G  X  U  O  A  P  D
Q  D  B  B  R  A  W  S  N  S  N  D  K  H
G  U  K  U  Y  A  A  D  M  Z  B  V  B  O
```

PRZYGODA	POLOWANIE
ZWIERZĄT	OWAD
KABINA	JEZIORO
KAJAK	MAPA
KOMPAS	KSIĘŻYC
OGIEŃ	GÓRA
LAS	NATURA
ZABAWA	LINA
HAMAK	NAMIOT
KAPELUSZ	DRZEWA

13 - Conservation

```
Y  J  R  E  E  Q  A  R  N  W  U  Z  P  Z
C  C  F  A  L  K  I  Z  X  P  P  M  E  I
S  V  D  N  Q  L  D  J  M  K  L  N  S  E
O  R  G  A  N  I  C  Z  N  Y  Ł  I  T  L
E  E  N  K  J  H  K  N  L  F  B  E  Y  O
D  K  A  Z  D  R  O  W  I  E  J  J  C  N
U  O  T  Z  M  I  A  N  Y  T  H  S  Y  Y
K  S  U  C  C  K  L  I  M  A  T  Z  D  W
A  Y  R  E  C  Y  K  L  I  N  G  Y  A  L
C  S  A  Ł  O  B  K  R  Q  X  N  Ć  K  W
J  T  L  S  I  E  D  L  I  S  K  O  R  O
A  E  N  Ś  R  O  D  O  W  I  S  K  O  D
K  M  Y  C  H  E  M  I  K  A  L  I  A  A
W  O  L  O  N  T  A  R  I  U  S  Z  A  V
```

ZMIANY	ZDROWIE
CHEMIKALIA	NATURALNY
KLIMAT	ORGANICZNY
CYKL	PESTYCYD
EKOSYSTEM	RECYKLING
EDUKACJA	ZMNIEJSZYĆ
ŚRODOWISKO	WOLONTARIUSZ
ZIELONY	WODA
SIEDLISKO	

14 - Cats

```
Z  E  G  F  P  O  K  I  Z  I  J  H  Ł  N
H  U  E  A  I  A  G  B  U  T  F  E  Z  I
W  Y  Y  O  D  G  Z  O  U  R  O  T  E  E
X  C  O  K  L  K  L  U  N  G  M  O  N  Ś
S  Z  A  L  O  N  Y  A  R  O  A  X  R  M
E  A  P  O  X  I  W  U  R  Z  Ł  E  Ł  I
N  B  F  S  E  E  O  T  P  N  Y  K  W  A
P  A  U  O  D  Z  I  K  I  M  Y  Y  M  Ł
R  W  T  B  Ł  A  K  K  C  Z  U  Ł  Y  Y
Z  N  R  O  C  L  M  Y  S  Z  F  A  Ś  O
Ę  Y  O  W  P  E  N  O  C  Z  X  P  L  M
D  K  E  O  T  Ż  I  I  I  N  U  A  I  T
Z  N  Y  Ś  L  N  S  Z  Y  B  K  I  W  A
A  N  I  Ć  K  Y  C  I  E  K  A  W  Y  I
```

CZUŁY   MYSZ
PAZUR   ŁAPA
SZALONY   OSOBOWOŚĆ
CIEKAWY   FIGLARNY
SZYBKI   NIEŚMIAŁY
ZABAWNY   SEN
FUTRO   OGON
MYŚLIWY   DZIKI
NIEZALEŻNY   PRZĘDZA
MAŁY

15 - Numbers

```
O  S  I  E  M  Q  N  R  C  X  S  C  D  D
P  S  J  C  Z  T  E  R  Y  D  Z  L  L  Z
I  Y  I  F  T  R  G  U  S  Z  E  Ś  Ć  I
Ę  B  A  E  E  Z  O  S  C  I  S  C  D  E
T  J  W  L  M  Y  D  W  A  E  N  Z  W  W
N  H  J  S  S  N  I  X  J  S  A  T  A  I
A  R  R  M  G  A  A  Y  E  I  Ś  E  N  Ę
Ś  P  D  Q  M  Ś  J  Ś  D  Ę  C  R  A  Ć
C  I  S  B  W  C  N  W  C  Ć  I  N  Ś  L
I  Ę  N  C  W  I  W  V  N  I  E  A  C  Z
E  Ć  Z  S  E  E  Y  I  X  G  E  Ś  I  H
J  E  D  E  N  S  I  E  D  E  M  C  E  N
Z  E  R  O  T  R  Z  Y  K  Ł  K  I  N  D
D  Z  I  E  S  I  Ę  T  N  Y  Z  E  M  A
```

DZIESIĘTNY	SIEDEM
OSIEM	SZEŚĆ
OSIEMNAŚCIE	SZESNAŚCIE
PIĘTNAŚCIE	DZIESIĘĆ
PIĘĆ	TRZYNAŚCIE
CZTERY	TRZY
CZTERNAŚCIE	DWANAŚCIE
DZIEWIĘĆ	DWA
JEDEN	ZERO

16 - Spices

```
C K B M K R V G O R Z K I J
Y M O P D A D E O S Ó L M L
N I Ł L C B R X S Ź X M B U
A N M A E C W D Z B D C I B
M E E O B N J N A R H Z R H
O K O G U K D O F M P O I B
N Z O M L C U R R Y O S Z K
B S D F A O N A A S V N E N
S Ł O D K I E N N H H E S L
C Q V Z S O I Y T J N K N I
U F G R M L K Ż G V I U Z Y
Q Z D O A P A P R Y K A N L
R V G J K O Z I E R A D K A
L U K R E C J A A H R U V D
```

ANYŻ	SMAK
GORZKI	CZOSNEK
KARDAMON	IMBIR
CYNAMON	LUKRECJA
GOŹDZIK	CEBULA
KOLENDRA	PAPRYKA
KMINEK	SZAFRAN
CURRY	SÓL
KOZIERADKA	SŁODKIE

17 - Mammals

```
N P O U O S M Z Y K U Q K G
Z I Z I W F M H V P Y J R E
Q E E Z C U A G Ł U X B Ó L
X S B D E S Ł O Ń A K H L R
F W R K Ź B P R X X H T I C
W Z A P D W A Y G V K R K N
A I T W K E I L G Ł Q P C T
F P E K O T L E W W I L K K
G M T L J S Y F D R O Ł O G
O G U Z O U M V I Ź K Y Ń U
W L V H T R R K A N G U R Y
K E X L H Ż Y R A F A L I A
C C Ł A G J H B Ó B R I P Z
E U J Ł J P M B Y K C S G L
```

NIEDŹWIEDŹ	GORYL
BÓBR	KOŃ
BYK	KANGUR
KOT	LEW
KOJOT	MAŁPA
PIES	KRÓLIK
DELFIN	OWCE
SŁOŃ	WIELORYB
LIS	WILK
ŻYRAFA	ZEBRA

18 - Fishing

```
N  G  S  D  S  O  S  W  M  X  Ł  W  J  S
G  F  D  U  G  I  C  O  K  B  V  T  E  Z
S  E  H  Ł  B  V  Ł  D  O  E  F  P  Z  C
P  D  R  U  T  I  R  A  S  G  S  P  I  Z
R  Ł  O  M  X  Y  T  A  Z  O  S  R  O  Ę
Z  Ł  E  P  R  Z  Y  N  Ę  T  A  Z  R  K
Ę  Ó  S  T  W  C  R  H  D  O  C  E  O  A
T  D  K  R  W  A  G  A  I  W  N  S  C  D
R  Ź  R  W  T  Y  G  K  U  A  O  A  J  J
Y  Z  Z  M  K  P  T  A  I  Ć  L  D  R  R
C  I  E  R  P  L  I  W  O  Ś  Ć  A  Z  A
Q  R  L  K  W  A  O  C  E  A  N  H  U  C
E  Ł  A  G  A  Ż  Z  E  O  T  N  J  X  J
F  H  C  U  O  A  M  C  O  O  K  R  G  K
```

PRZYNĘTA	HAK
KOSZ	SZCZĘKA
PLAŻA	JEZIORO
ŁÓDŹ	OCEAN
GOTOWAĆ	CIERPLIWOŚĆ
SPRZĘT	RZEKA
PRZESADA	WODA
PŁETWY	WAGA
SKRZELA	DRUT

19 - Restaurant #1

```
D  K  F  A  Q  H  S  Ł  E  M  K  V  N  S
S  E  R  W  E  T  K  A  O  Q  S  E  Q  K
M  P  S  R  F  D  Y  J  L  B  Y  Z  E  Ł
I  I  M  E  J  E  Ś  Ć  M  I  S  K  A  A
Ę  K  E  Z  R  N  K  U  R  C  Z  A  K  D
S  A  N  E  D  Ł  Ó  W  S  O  S  S  U  N
O  N  U  R  L  C  Ł  Ż  R  S  I  J  C  I
U  T  Q  W  F  A  K  Z  Y  X  Z  E  H  K
M  N  T  A  L  E  R  Z  Q  W  U  R  N  I
F  Y  Q  C  H  L  E  B  U  Q  N  U  I  X
I  I  N  J  A  A  P  F  G  R  D  O  A  B
L  H  K  A  W  A  L  E  R  G  I  A  Ś  F
B  K  E  L  N  E  R  K  A  B  H  F  G  Ć
I  B  B  W  Q  A  E  H  O  C  I  M  B  G
```

ALERGIA	NÓŻ
MISKA	MIĘSO
CHLEB	MENU
KASJER	SERWETKA
KURCZAK	TALERZ
KAWA	REZERWACJA
DESER	SOS
ŻYWNOŚĆ	PIKANTNY
SKŁADNIKI	JEŚĆ
KUCHNIA	KELNERKA

20 - Bees

```
S  N  K  O  G  W  O  S  K  J  J  Z  E  R
I  F  R  U  W  C  M  Ł  H  C  B  A  H  Ó
E  S  Ó  L  P  A  F  O  K  C  M  P  D  Ż
D  X  L  M  B  K  D  Ń  O  U  S  Y  O  N
L  J  O  E  O  W  O  C  R  Y  L  L  Ż  O
I  C  W  K  G  G  C  E  Z  Ó  W  A  Y  R
S  Y  A  O  G  R  Ó  D  Y  M  J  C  W  O
K  Z  R  S  K  K  U  Y  S  J  F  Z  N  D
O  B  B  Y  S  B  W  L  T  M  U  K  O  N
V  R  Z  S  R  N  F  U  N  R  K  W  Ś  O
I  X  Z  T  V  Q  E  V  Y  I  A  I  Ć  Ś
P  Y  Ł  E  K  W  I  T  N  Ą  Ć  A  C  Ć
Y  I  C  M  I  Ó  D  U  B  A  A  T  Y  V
R  O  Ś  L  I  N  Y  B  F  T  Y  Y  O  U
```

KORZYSTNY	MIÓD
KWITNĄĆ	OWAD
RÓŻNORODNOŚĆ	ROŚLINY
EKOSYSTEM	PYŁEK
KWIATY	ZAPYLACZ
ŻYWNOŚĆ	KRÓLOWA
OWOC	DYM
OGRÓD	SŁOŃCE
SIEDLISKO	RÓJ
UL	WOSK

21 - Sports

```
Y  X  S  K  G  P  S  L  F  R  R  G  O  W
B  E  T  H  O  K  E  J  Ł  U  O  I  B  Y
Ł  Q  A  K  L  S  I  U  U  C  W  M  T  V
G  V  D  S  F  T  Z  W  A  H  E  N  H  I
I  F  I  Ę  X  T  Y  M  G  R  A  C  Z
M  C  O  Z  O  D  S  K  K  R  T  S  L  A
N  N  N  L  B  S  Z  V  Q  Ó  Z  T  W  S
A  T  T  E  N  I  S  I  G  S  W  Y  P  Q
Z  R  I  B  A  S  E  B  A  L  L  K  Y  K
J  E  A  T  L  E  T  A  H  G  P  A  A  U
U  N  S  M  I  S  T  R  Z  O  S  T  W  O
M  E  P  P  Z  W  Y  C  I  Ę  Z  C  A  O
H  R  B  H  Ó  L  T  P  Ł  Y  W  A  Ć  J
K  D  R  Ł  S  Ł  G  U  H  J  Z  G  R  A
```

ATLETA
BASEBALL
KOSZYKÓWKA
ROWER
MISTRZOSTWO
TRENER
GRA
GOLF
GIMNAZJUM
GIMNASTYKA

HOKEJ
RUCH
GRACZ
SĘDZIA
STADION
ZESPÓŁ
TENIS
PŁYWAĆ
ZWYCIĘZCA

22 - Weather

```
A V G N M K W G S U S Z A D
T F P L M J I R V M X R I Ł
M B B R Y Z A Z R H M Q S U
O N U K G N T M G Ł A G Z X
S E P R L O R O G T Ę C Z A
F X I L Z I O T M O N S U N
E T O F R A M D F R A Q D O
R L R F P O L A R N Y H H S
A Ó U E X I B L T A O U C U
H D N I T P Y D Q D I R H C
S H C F I M D Ł Y O Q A M H
T R O P I K A L N Y N G U Y
T E M P E R A T U R A A R W
C X O D R C N I E B O N A P
```

ATMOSFERA
BRYZA
KLIMAT
CHMURA
SUSZA
SUCHY
MGŁA
HURAGAN
LÓD
PIORUN

MONSUN
POLARNY
TĘCZA
NIEBO
BURZA
TEMPERATURA
GRZMOT
TORNADO
TROPIKALNY
WIATR

23 - Adventure

```
E  J  O  U  E  S  W  T  X  Z  Z  B  P  T
P  L  T  Q  N  O  D  W  A  G  A  X  R  R
O  R  D  U  T  M  C  F  Q  K  S  T  Z  U
D  A  Z  W  U  E  F  Ł  S  P  K  I  Y  D
R  D  I  Y  Z  O  K  A  Z  I  A  W  G  N
Ó  O  A  C  J  K  Y  Ł  A  Ę  K  Y  O  O
Ż  Ś  Ł  I  A  A  P  G  N  K  U  Z  T  Ś
E  Ć  A  E  Z  Z  C  A  S  N  J  W  O  Ć
A  X  L  C  M  J  W  I  A  O  Ą  A  W  N
X  L  N  Z  O  A  N  T  E  Ł  C  N  A  A
D  V  O  K  I  W  G  Ł  L  L  Y  I  N  T
O  Z  Ś  A  N  O  W  Y  B  Q  E  A  I  U
V  N  Ć  N  A  W  I  G  A  C  J  A  E  R
N  I  E  B  E  Z  P  I  E  C  Z  N  Y  A
```

DZIAŁALNOŚĆ	PRZYJACIELE
PIĘKNO	RADOŚĆ
ODWAGA	NATURA
WYZWANIA	NAWIGACJA
SZANSA	NOWY
NIEBEZPIECZNY	OKAZJA
TRUDNOŚĆ	PRZYGOTOWANIE
ENTUZJAZM	ZASKAKUJĄCY
WYCIECZKA	PODRÓŻE

24 - Circus

```
A S B E O B S Z T U C Z K A
Z M A M G A K R O B A T A M
W A M J K L A U N N E N K A
I Ł P F B O N X X S J D O G
E P V R T N K A H V W V S I
R A M U Z Y K A M S F Z T A
Z O A D I I G E X I P M I C
Ą T G L Y L M R N Ł O P U U
T Z I S V W E Z Y D K T M K
T M K G F Ł D W P S A S O I
G P Q R H X K I Ł Ł Z E G E
Ż O N G L E R D U O A R E R
P A R A D A E Z Ł Ń Ć W B E
S P E K T A K U L A R N Y K
```

AKROBATA	MAGIK
ZWIERZĄT	MAŁPA
BALONY	MUZYKA
CUKIEREK	PARADA
KLAUN	POKAZAĆ
KOSTIUM	SPEKTAKULARNY
SŁOŃ	WIDZ
ŻONGLER	NAMIOT
LEW	TYGRYS
MAGIA	SZTUCZKA

25 - Restaurant #2

```
A P G X S N Ł K R Z E S Ł O
R R Y Q Ó H Y E C Z P P H P
V G J S L H Ż L U D L G R R
Z U P A Z N K N I X Y I J Z
Ł S B X V N A E E Z C D C Y
R X P O E C Y R C W G M I P
M Y M P R Z Y S T A W K A R
N C B O W O C C M R I W S A
J L J A J A D O A Z D S T W
S A Ł A T K A N K Y E L O Y
W F K F L P Z A A W L T X E
O B I A D Ó C P R A E P P Q
D V F F K U D Ó O J C X Z H
A B S K J E Y J N Q J U V Z
```

PRZYSTAWKA	LÓD
NAPÓJ	MAKARON
CIASTO	SAŁATKA
KRZESŁO	SÓL
PYSZNY	ZUPA
OBIAD	PRZYPRAWY
JAJA	ŁYŻKA
RYBA	WARZYWA
WIDELEC	KELNER
OWOC	WODA

26 - Geology

```
M Z E F U A K M D L F N E S
W I K F B I B A C I F U R T
U S N G W A P Ń M Q J P O A
L Q P E G C R Y O I V O Z L
K U H J R E N H I T E W J A
A B Ł Z O A G P C S Ł Ń A K
N W W E T M Ł B I Ó Y Q Y T
Q K O R A L C Y K L E Ł Ł Y
S K A M I E N I A Ł O Ś Ć T
L W Q K R Y S Z T A Ł Y K X
W A R S T W A E W F E Q W F
V S W K O N T Y N E N T A R
Z P Ł A S K O W Y Ż M F R X
C I E K Ł Y P C Ł D M G C P
```

KWAS	LAWA
WAPŃ	WARSTWA
GROTA	MINERAŁY
KONTYNENT	CIEKŁY
KORAL	PŁASKOWYŻ
KRYSZTAŁY	KWARC
CYKLE	SÓL
EROZJA	STALAKTYT
SKAMIENIAŁOŚĆ	KAMIEŃ
GEJZER	WULKAN

27 - House

```
B P E A P M M I O T Ł A D X
Ł I O T W X T P G B Y S R W
L I B K P I Ę T R O H R Z T
K L P L Ó M Y Y Ó M H S W D
R U Ś Q I J Ł A D E P H I E
U S C P V O B M A B R H W U
Z T I H M Q T T U L A M P A
A R A I N Ł C E K E D D B X
S O N P U I G S K E A Z B U
Ł O A G D D A C H A Q K H N
O K N E O G R O D Z E N I E
N N P P Z W A K O M I N E K
Y O B Q K Q Ż V N P U Y F M
S T R Y C H K L U C Z E H T
```

STRYCH	KLUCZE
MIOTŁA	KUCHNIA
ZASŁONY	LAMPA
DRZWI	BIBLIOTEKA
OGRODZENIE	LUSTRO
KOMINEK	DACH
PIĘTRO	POKÓJ
MEBLE	ŚCIANA
GARAŻ	OKNO
OGRÓD	

28 - Comedy

```
P A R O D I A N S C Ł H N X
B K V Z A B A W A I O U V A
J T Ś M I E C H Z P X M J W
S O K P U B L I C Z N O Ś Ć
J R L O T P D M E A L R B G
U Q H I Y W F P L B V T M A
W Y R A Z I S T Y A B E D T
O K L A S K I P H W J A O U
A K T O R K A W R N E T W N
K L A U N Ó W L T Y C R C E
U T E L E W I Z J A T G I K
H L Z K Z K Q B L S E N P H
I M P R O W I Z A C J A Y M
R Z E U E U A P P T Q Ł M M
```

AKTOR	GATUNEK
AKTORKA	HUMOR
OKLASKI	IMPROWIZACJA
PUBLICZNOŚĆ	DOWCIPY
SPRYTNY	ŚMIECH
KLAUNÓW	PARODIA
WYRAZISTY	TELEWIZJA
ZABAWA	TEATR
ZABAWNY	

29 - School #1

```
O M A R K E R Y Z O T Q X B
M D B I U R K O A Q B O A O
U Q P H Z J L W B G J I G E
Z S H O T D A K A X T C A Q
F S S Ł W E S K W A N E A D
O Ł V Z T I A Z A P L Z F P
L Ł Ł M A T E M A T Y K A Z
D F Ó N D T G D H K X P P P
E K H W N B K R Z E S Ł O A
R Ł B P E B U P A I B O M P
Y D X U Ł K S I Ą Ż K I F I
N A L K D Ł U G O P I S Y E
Q U I Z E G Z A M I N Y J R
L I C Z B Y A L F A B E T U
```

ALFABET	OBIAD
ODPOWIEDZI	MARKERY
KSIĄŻKI	MATEMATYKA
KRZESŁO	LICZBY
KLASA	PAPIER
BIURKO	OŁÓWEK
EGZAMINY	DŁUGOPISY
FOLDERY	QUIZ
ZABAWA	

30 - Dance

```
G Y W E T R A D Y C Y J N Y
T P R Ó B A K A D E M I A M
Q R U M E D S K O K G P K O
L O R W T O R E M O C J A Z
Ł A S K A S Y M M T I K V I
Q Y Q K K N T C O T A U E R
V M C B N Y M D F B Ł L Ł P
W Y R A Z I S T Y A O T P A
M U Z Y K A B Z Q M H U O R
R U C H S E U G T K Z R S T
K L A S Y C Z N Y U K A T N
W I Z U A L N Y D M K C A E
C H O R E O G R A F I A W R
K U L T U R A L N Y G L A W
```

AKADEMIA	RADOSNY
SZTUKA	SKOK
CIAŁO	RUCH
CHOREOGRAFIA	MUZYKA
KLASYCZNY	PARTNER
KULTURALNY	POSTAWA
KULTURA	PRÓBA
EMOCJA	RYTM
WYRAZISTY	TRADYCYJNY
ŁASKA	WIZUALNY

31 - Colors

```
R  Z  N  J  I  I  D  F  B  Ż  Q  E  U  U
B  B  I  N  F  L  K  K  R  Ó  Ż  O  W  Y
Y  S  E  P  I  A  P  C  Ą  Ł  C  M  C  J
T  Q  B  B  O  Z  O  I  Z  T  D  I  Z  S
J  P  I  R  L  U  M  C  O  Y  F  O  E  F
O  D  E  B  E  R  A  M  W  Z  U  K  R  Q
K  K  S  I  T  D  R  A  Y  R  K  M  W  J
Z  J  K  A  O  Y  A  G  C  Ł  S  S  O  B
N  I  I  Ł  W  H  Ń  E  I  Z  J  Z  N  W
D  A  E  Y  Q  C  N  X  N  A  A  Y  Ł
A  D  I  L  Q  O  Z  T  Z  Q  D  R  L  N
P  Q  X  K  O  O  O  A  E  S  L  Y  N  I
J  Z  C  F  L  N  W  C  Y  J  A  N  G  Y
K  B  E  Ż  O  W  Y  Q  F  T  W  J  C  O
```

LAZUR   INDYGO
BEŻOWY   MAGENTA
CZARNY   POMARAŃCZOWY
NIEBIESKI   RÓŻOWY
BRĄZOWY   FIOLETOWY
CYJAN   CZERWONY
FUKSJA   SEPIA
ZIELONY   BIAŁY
SZARY   ŻÓŁTY

32 - Climbing

```
R P A U G N F Z J M L X F M
A H A T B J M L Z T E R E N
J I C E M B U T Y P K Ę Z C
P A O I A O Z Y W Ą S K A I
R T S P P H S L T R P A W E
Z O F K A U I F T T E W Ę K
E M R A I T Ł Y E I R I D A
W J Q S W N A K S R T C R W
O W U K P I I P Q M A Z Ó O
D D Ł W Y Z W A N I A K W Ś
N W Y S O K O Ś Ć S V I K Ć
I S T A B I L N O Ś Ć H I Y
K S R Z Ł C F I Z Y C Z N Y
I N S Z K O L E N I E F Q A
```

WYSOKOŚĆ	KASK
ATMOSFERA	WĘDRÓWKI
BUTY	MAPA
JASKINIA	WĄSKA
WYZWANIA	FIZYCZNY
CIEKAWOŚĆ	STABILNOŚĆ
EKSPERT	SIŁA
RĘKAWICZKI	TEREN
PRZEWODNIKI	SZKOLENIE

33 - Shapes

```
S  K  R  A  W  Ę  D  Z  I  E  N  V  C  P
K  Z  Z  J  T  X  L  Z  Y  W  A  R  E  R
O  R  E  E  L  I  P  S  A  O  R  C  B  Y
Ł  L  Z  Ś  I  C  B  M  W  K  O  Ł  V  Z
O  N  I  Y  C  L  P  B  H  I  Ż  C  D  M
G  T  E  Y  W  I  I  Ł  P  C  N  Y  H  A
U  P  O  T  J  A  A  N  N  S  I  L  I  T
T  R  Ó  J  K  Ą  T  N  I  Y  K  I  P  P
W  I  E  L  O  K  Ą  T  S  A  V  N  E  L
P  R  O  S  T  O  K  Ą  T  G  O  D  R  R
K  W  A  D  R  A  T  C  O  X  B  E  B  O
Ł  U  K  U  Y  K  Z  W  Ż  R  O  R  O  W
C  G  O  T  W  Z  B  Q  E  F  K  U  L  A
P  I  R  A  M  I  D  A  K  R  U  S  A  L
```

ŁUK	LINIA
KOŁO	OWAL
STOŻEK	WIELOKĄT
NAROŻNIK	PRYZMAT
SZEŚCIAN	PIRAMIDA
KRZYWA	PROSTOKĄT
CYLINDER	BOK
KRAWĘDZIE	KULA
ELIPSA	KWADRAT
HIPERBOLA	TRÓJKĄT

34 - Scientific Disciplines

```
F  U  I  A  E  N  B  D  Z  I  Z  M  N  L
I  P  G  N  K  A  I  X  L  A  O  E  E  C
Z  F  E  A  O  Ł  O  H  K  O  O  T  U  M
J  Ł  O  T  L  I  C  P  W  X  L  E  R  I
O  M  L  O  O  M  H  S  T  Q  O  O  O  N
L  L  O  M  G  M  E  O  H  B  G  R  L  E
O  B  G  I  I  U  M  C  E  O  I  O  O  R
G  J  I  A  A  N  I  J  H  T  A  L  G  A
I  A  A  O  Ł  O  A  O  H  A  A  O  I  L
A  T  U  I  L  L  H  L  K  N  N  G  A  O
A  R  C  H  E  O  L  O  G  I  A  I  I  G
Q  H  F  L  K  G  G  G  P  K  G  A  K  I
I  C  H  E  M  I  A  I  D  A  C  C  I  A
J  P  K  P  F  A  Y  A  A  T  I  F  O  J
```

ANATOMIA	IMMUNOLOGIA
ARCHEOLOGIA	MECHANIKA
BIOCHEMIA	METEOROLOGIA
BIOLOGIA	MINERALOGIA
BOTANIKA	NEUROLOGIA
CHEMIA	FIZJOLOGIA
EKOLOGIA	SOCJOLOGIA
GEOLOGIA	ZOOLOGIA

35 - School #2

```
B W E E K E N D Y D I R J A
S I C F B K R Y G O X F Y U
Z Ł B O N E A N R S L P N T
K A O L I T E R A T U R A O
S G J W I P K Q M A N E K B
I G X Ę N O Q F A W O D A U
Ą G K N C I T B T H Ż U D S
Ż U O U S I K E Y I Y K E Q
K M M V T N A U K A C A M T
I K P L E C A K A A Z C I O
N A U C Z Y C I E L K J C M
M Q T P A P I E R V I A K M
H R E O Ł Ó W E K W F B I Ł
X E R K A L E N D A R Z T W
```

AKADEMICKI
ZAJĘCIA
PLECAK
KSIĄŻKI
AUTOBUS
KALENDARZ
KOMPUTER
SŁOWNIK
EDUKACJA
GUMKA

GRAMATYKA
BIBLIOTEKA
LITERATURA
PAPIER
OŁÓWEK
NAUKA
NOŻYCZKI
DOSTAW
NAUCZYCIEL
WEEKENDY

36 - Science

```
E  R  O  Ś  L  I  N  Y  D  E  C  F  M  S
K  N  A  U  K  O  W  I  E  C  Z  I  O  K
S  D  I  F  K  H  U  N  X  R  Ą  Z  R  A
P  C  H  E  M  I  C  Z  N  Y  S  Y  G  M
E  K  A  M  H  P  C  F  A  K  T  K  A  I
R  L  T  R  A  O  D  Ł  P  L  K  A  N  E
Y  I  O  N  A  T  U  R  A  G  I  A  I  N
M  M  M  O  Q  E  H  C  M  U  R  C  Z  I
E  A  S  Z  K  Z  K  M  E  B  D  X  M  A
N  T  K  G  R  A  W  I  T  A  C  J  A  Ł
T  L  A  B  O  R  A  T  O  R  I  U  M  O
M  I  N  E  R  A  Ł  Y  D  A  N  E  L  Ś
E  W  O  L  U  C  J  A  A  G  L  U  H  Ć
X  N  I  M  C  Z  Ą  S  T  E  C  Z  K  I
```

ATOM	LABORATORIUM
CHEMICZNY	METODA
KLIMAT	MINERAŁY
DANE	CZĄSTECZKI
EWOLUCJA	NATURA
EKSPERYMENT	ORGANIZM
FAKT	CZĄSTKI
SKAMIENIAŁOŚĆ	FIZYKA
GRAWITACJA	ROŚLINY
HIPOTEZA	NAUKOWIEC

37 - To Fill

```
R F M Y K B U W F R W H O Q
V Y K G O J U L D I A B R M
Ł F W T S Z K T Q N Z A I D
S R K N Z U P X E U O S S L
K R Y I S Y U D H L N E T Y
R I U F O L D E R U K N O C
Z V E R M B E C Z K A A R Z
Y D C S A S Ł O I K R N B Q
N M D U Z I K B E Q T O A B
I O M W G E O S R I O W H M
A G H G F J Ń X O H N X J T
W I A D R O S Z U F L A D A
D V W A N N A P A K I E T C
W A L I Z K A K O P E R T A
```

TORBA
BECZKA
BASEN
KOSZ
BUTELKA
PUDEŁKO
WIADRO
KARTON
SKRZYNIA
SZUFLADA

KOPERTA
FOLDER
SŁOIK
PAKIET
KIESZEŃ
WALIZKA
TACA
WANNA
RURA
WAZON

38 - Summer

```
R  R  W  K  D  F  K  S  O  Y  G  R  Y  N
O  A  Ż  Y  W  N  O  Ś  Ć  J  W  W  O  U
D  D  O  M  P  D  R  N  P  P  I  A  G  R
Z  O  V  O  R  O  Y  M  T  L  A  K  R  K
I  Ś  S  R  Z  E  C  U  D  A  Z  A  Ó  O
N  Ć  Q  Z  Y  N  T  Z  N  Ż  D  C  D  W
A  G  U  E  J  J  S  Y  Y  A  Y  J  K  A
P  Ł  Y  W  A  Ć  A  K  R  N  H  E  S  N
O  A  F  S  C  P  N  A  W  E  E  X  I  I
D  M  J  G  I  F  D  I  B  O  L  K  Ą  E
R  Q  D  Q  E  C  A  F  X  K  I  A  Ż  P
Ó  G  B  Z  L  N  Ł  I  R  Y  I  S  K  Z
Ż  G  U  Ł  E  J  Y  K  S  J  O  D  I  S
K  E  M  P  I  N  G  I  N  H  C  W  B  D
```

PLAŻA	RADOŚĆ
KSIĄŻKI	WYPOCZYNEK
KEMPING	MUZYKA
NURKOWANIE	RELAKS
RODZINA	SANDAŁY
ŻYWNOŚĆ	MORZE
PRZYJACIELE	GWIAZDY
GRY	PŁYWAĆ
OGRÓD	PODRÓŻ
DOM	WAKACJE

39 - Clothes

```
M  C  K  B  V  I  F  D  T  B  H  I  X  I
O  Ł  T  U  S  X  D  P  P  Y  L  J  I  I
D  M  P  T  R  S  Z  A  L  I  K  U  F  H
A  Ł  S  V  D  T  D  S  V  G  Ł  X  Z  F
I  T  N  U  H  S  K  Ż  E  O  A  C  P  A
S  P  Ó  D  N  I  C  A  I  X  N  I  Ł  R
A  S  U  K  I  E  N  K  A  N  T  G  A  T
N  K  O  S  Z  U  L  A  D  F  S  S  U
D  P  I  Ż  A  M  A  C  L  A  Y  Y  Z  C
A  B  I  Ż  U  T  E  R  I  A  I  Z  C  H
Ł  A  O  Y  P  K  A  P  E  L  U  S  Z  W
Y  B  R  A  N  S  O  L  E  T  K  A  H  I
C  S  P  O  D  N  I  E  S  W  E  T  E  R
R  Ę  K  A  W  I  C  Z  K  I  X  N  C  X
```

FARTUCH	DŻINSY
PAS	BIŻUTERIA
BLUZA	PIŻAMA
BRANSOLETKA	SPODNIE
PŁASZCZ	SANDAŁY
SUKIENKA	SZALIK
MODA	KOSZULA
RĘKAWICZKI	BUT
KAPELUSZ	SPÓDNICA
KURTKA	SWETER

40 - Insects

```
R  O  B  A  K  V  Q  P  C  H  Ł  A  J  M
K  O  N  I  K  P  O  L  N  Y  T  T  F  S
C  S  W  J  W  Q  P  O  L  T  K  C  D  Z
H  A  I  J  Z  Ł  M  S  Z  Y  C  A  Z  A
M  O  T  Y  L  L  L  I  Z  K  F  M  D  R
K  O  M  A  R  K  U  N  T  C  W  K  K  A
E  J  D  V  Ł  Y  A  D  E  K  Z  A  X  Ń
Ć  M  A  L  A  R  W  A  R  A  M  O  B  C
I  L  K  W  I  V  G  J  M  R  R  Y  Ł  Z
B  B  R  A  F  S  J  Y  I  A  Ó  L  C  A
K  V  A  Ż  E  I  Z  P  T  L  W  O  X  J
O  T  D  K  W  M  U  K  D  U  K  D  I  G
A  Q  V  A  J  Q  G  I  A  C  A  C  X  U
C  H  R  Z  Ą  S  Z  C  Z  H  C  G  L  H
```

MRÓWKA	KONIK POLNY
MSZYCA	LARWA
PSZCZOŁA	SZARAŃCZA
CHRZĄSZCZ	MODLISZKA
MOTYL	KOMAR
CYKADA	ĆMA
KARALUCH	TERMIT
WAŻKA	OSA
PCHŁA	ROBAK

41 - Astronomy

```
E K R S U P E R N O W A N X
J O Ó E A S N C D P F A I A
H N W W A T Ł W L L J T E S
E S N K S T E O N A N Y B T
M T O Z T U R L N N O Ł O R
E E N L R R A K I E T A A O
T L O K O S M O S T C C Y N
E A C K N Z G T E A A Z U O
O C Y S A O Ł T W W O I N M
R J Ł I U D A F T B V E Y Y
O A J Ę T I W G K B Y M C I
D B T Ż A A I O L K Z I Z O
Q K G Y L K C O Q C N A V B
Z P P C T Z A Ć M I E N I E
```

ASTRONAUTA	MGŁAWICA
ASTRONOM	PLANETA
KONSTELACJA	RAKIETA
KOSMOS	SATELITA
ZIEMIA	NIEBO
ZAĆMIENIE	SŁONECZNY
RÓWNONOC	SUPERNOWA
METEOR	ZODIAK
KSIĘŻYC	

42 - Pirates

```
X R U M I E C Z I W I I B W
Z A Ł O G A P W H G H M X Y
S N O N N P L L Y C Z Ł Y W
I M S E A S K E A S R S V P
A J H T U V Ł P N Ż P K N R
C C J Y M J M A P A A A Z Z
L E G E N D A P M L U R Ł Y
F K O M P A S U J M X B O G
B L I Z N A F G X J N U T O
J F A Y O C E A N I V R O D
P O O G C Y R K O T W I C A
A X T K A P I T A N Z D D Q
B W O L D E E Y X P Y D N T
J A S K I N I A Z J A G A N
```

PRZYGODA	ZŁOTO
KOTWICA	WYSPA
ZŁY	LEGENDA
PLAŻA	MAPA
KAPITAN	OCEAN
JASKINIA	PAPUGA
MONETY	RUM
KOMPAS	BLIZNA
ZAŁOGA	MIECZ
FLAGA	SKARB

43 - Time

```
D W C Z E S N Y R A L E E T
Z Ł R W I S P D A P K P D Y
I T N W K A L E N D A R Z D
S P R Z Y S Z Ł O Ś Ć Z I Z
I N O C M P V S R E O E E I
A S T U L E C I E O I D Ń E
J Q R W K R Ó T C E C U K Ń
M E W V G M Z E G A R Z Z D
R I G O D Z I N A N L M N R
O F E J S X D N H K E C X E
K P Y S Y P O Ł U D N I E V
C K W F I F I G F T E R A Z
P N O G S Ą V V M Z A P J I
R R M T K G C D E K A D A U
```

ROCZNE	MINUTA
PRZED	MIESIĄC
KALENDARZ	RANO
STULECIE	NOC
ZEGAR	POŁUDNIE
DZIEŃ	TERAZ
DEKADA	WKRÓTCE
WCZESNY	DZISIAJ
PRZYSZŁOŚĆ	TYDZIEŃ
GODZINA	ROK

44 - Buildings

```
A  S  A  F  B  P  N  K  I  N  O  F  S  Ł
H  P  U  W  I  E  Ż  A  S  A  A  A  T  O
U  O  A  P  A  W  O  B  Z  M  M  B  O  B
N  S  S  R  E  U  F  I  K  I  B  R  D  S
I  L  Z  T  T  R  L  N  O  O  A  Y  O  E
W  Y  P  L  E  A  M  A  Ł  T  S  K  Ł  R
E  D  I  P  A  L  M  A  A  Ł  A  A  A  W
R  A  T  A  T  S  U  E  R  D  D  O  L  A
S  K  A  X  R  G  Z  M  N  K  A  H  Y  T
Y  W  L  Ł  Y  S  E  H  O  T  E  L  U  O
T  X  A  U  A  Z  U  M  Ł  W  O  T  W  R
E  M  R  P  Z  A  M  E  K  H  P  S  N  I
T  S  T  A  D  I  O  N  U  V  S  F  P  U
L  X  L  A  B  O  R  A  T  O  R  I  U  M
```

APARTAMENT
STODOŁA
KABINA
ZAMEK
KINO
AMBASADA
FABRYKA
SZPITAL
HOSTEL
HOTEL

LABORATORIUM
MUZEUM
OBSERWATORIUM
SZKOŁA
STADION
SUPERMARKET
NAMIOT
TEATR
WIEŻA
UNIWERSYTET

45 - Herbalism

```
P O M A J E R A N E K K S S
C G R O Ś L I N A U P U Z S
E L O E D F O I D S E L A A
C A Z X G E C F P M N I F O
M W M Q B A Z Y L I A N R G
P E A E B S N H A Ę L A A R
S N R C W N G O Ł T P R N Ó
K D Y E Z Y F C Ł A Q N Q D
Ł A N K I P Z Ł D V R Y C L
A K O P E R W Ł O S K I O V
D K A R L E Z F U M W N B Z
N S C Z O S N E K A I M E Q
I V Z S N W W K N K A K G S
K O R Z Y S T N Y V T O R S
```

BAZYLIA
KORZYSTNY
KULINARNY
KOPER WŁOSKI
SMAK
KWIAT
OGRÓD
CZOSNEK
ZIELONY

SKŁADNIK
LAWENDA
MAJERANEK
MIĘTA
OREGANO
ROŚLINA
ROZMARYN
SZAFRAN

46 - Toys

```
Ł  Ó  D  Ź  T  P  U  Z  Z  L  E  C  E  R
W  Y  O  B  R  A  Ź  N  I  A  M  I  P  Z
E  L  L  A  L  K  A  L  W  T  H  Ę  O  E
S  S  A  M  O  C  H  Ó  D  A  S  Ż  C  M
C  K  R  X  A  B  U  S  I  W  Z  A  I  I
W  S  R  O  H  M  Z  A  S  I  A  R  Ą  O
D  I  O  E  B  G  S  M  P  E  C  Ó  G  S
G  Ą  W  Q  D  O  I  O  I  C  H  W  L  Ł
Ł  Ż  E  F  I  K  T  L  Ł  N  Y  K  I  A
F  K  R  B  Ł  A  I  O  K  Y  I  A  N  L
F  I  A  Ę  D  Y  I  T  A  K  Ł  J  A  P
U  L  U  B  I  O  N  Y  L  A  G  X  L  X
X  M  O  N  L  U  A  H  Q  P  R  I  D  H
B  E  W  Y  U  V  Z  Y  J  F  Y  W  E  E
```

SAMOLOT   LALKA
PIŁKA   BĘBNY
ROWER   ULUBIONY
ŁÓDŹ   GRY
KSIĄŻKI   WYOBRAŹNIA
SAMOCHÓD   LATAWIEC
SZACHY   PUZZLE
GLINA   ROBOT
RZEMIOSŁA   POCIĄG
KREDKI   CIĘŻARÓWKA

47 - Vehicles

```
Ś  M  I  G  Ł  O  W  I  E  C  P  I  K  K
Z  J  Ł  Ó  D  Ź  P  O  D  W  O  D  N  A
Z  Q  F  N  A  F  C  P  J  I  C  Ł  R  R
A  U  T  O  B  U  S  O  N  K  I  N  B  A
P  S  X  A  U  Z  M  N  W  D  Ą  F  K  W
E  S  C  W  X  U  E  Y  I  J  G  M  S  A
S  A  I  E  Y  I  T  R  A  T  W  A  S  N
A  M  Ą  L  Q  D  R  M  T  R  K  M  K  A
M  O  G  F  N  X  O  G  M  O  Y  B  U  L
O  L  N  B  Y  I  J  V  E  W  A  U  T  A
C  O  I  A  R  V  K  Ł  N  E  D  L  E  I
H  T  K  P  R  O  M  C  Ó  R  J  A  R  G
Ó  R  A  K  I  E  T  A  Z  D  M  N  V  Y
D  S  Ł  R  M  L  E  F  N  A  Ź  S  F  S
```

SAMOLOT	TRATWA
AMBULANS	RAKIETA
ROWER	SKUTER
ŁÓDŹ	ŁÓDŹ PODWODNA
AUTOBUS	METRO
SAMOCHÓD	TAXI
KARAWANA	OPONY
PROM	CIĄGNIK
ŚMIGŁOWIEC	POCIĄG
SILNIK	

48 - Flowers

```
P Q G P P Ł A T E K J Q K M
A J F L L M Y U G Ł A F S A
S N S S A U U L K U Ś V T G
S D Q S W E M A K B M U O N
I G H Ł E Y H E Ł U I T K O
O A Ż O N K I L R K N O R L
N R T N D O B I Ł I Y R O I
F D U E A N I L O E A C T A
L E L C H I S I V T Q H K D
O N I Z L C K O L I L I A R
W I P N L Z U W C F C D V Ó
E A A I Z Y S Y F Z J E R Ż
R Q N K S N I M J Z C A N A
J R S S I A P I W O N I A A
```

BUKIET
KONICZYNA
ŻONKIL
STOKROTKA
GARDENIA
HIBISKUS
JAŚMIN
LAWENDA
LILIOWY
LILIA

MAGNOLIA
ORCHIDEA
PASSIONFLOWER
PIWONIA
PŁATEK
PLUMERIA
MAK
RÓŻA
SŁONECZNIK
TULIPAN

49 - Town

```
L P U N I W E R S Y T E T K
O U I B I B L I O T E K A L
T N K E N O Ł Z K X L X P I
N A I N K V F K J Z C N T N
I Ł N M W A E T P D A Y E I
S H O T E L R Y N E K C K K
K S I Ę G A R N I A N R A A
O L Y K W I A C I A R Z M T
S T A D I O N G E A Z O O C
V S S Z K O Ł A Z T B A N K
B Z Y K U B J O X M E P T Q
E V G A L E R I A I J A W J
A X S U P E R M A R K E T W
M U Z E U M P P X M X R S R
```

LOTNISKO	RYNEK
PIEKARNIA	MUZEUM
BANK	APTEKA
KSIĘGARNIA	SZKOŁA
KINO	STADION
KLINIKA	SKLEP
KWIACIARZ	SUPERMARKET
GALERIA	TEATR
HOTEL	UNIWERSYTET
BIBLIOTEKA	ZOO

50 - Antarctica

```
Y V D C O K L O D O W C E V
W M H V C D P Ó Ł W Y S E P
J Q M G J Z O D D W F Z E Z
W H L T Ł A L C W O D A L Ł
W Y S P Y T Z Q H K U V H L
P M U T T O P O G R A F I A
T L N A U C N A U K O W Y D
Ł P O K U Z H C A B W N T V
C J C I S K A L I S T Y A B
I H E G Ł A M I G R A C J A
S F M K O N T Y N E N T G D
I R Ł U W Y P R A W A P Y A
Y S O Ś R O D O W I S K O C
I P Ł H Q Y Z A T O K A H Z
```

ZATOKA	LÓD
PTAKI	WYSPY
CHMURY	MIGRACJA
OCHRONA	PÓŁWYSEP
KONTYNENT	BADACZ
ZATOCZKA	SKALISTY
ŚRODOWISKO	NAUKOWY
WYPRAWA	TOPOGRAFIA
LODOWCE	WODA

51 - Ballet

```
S V A Ć Y X S B O F L X R U
W U V W X C Q A K F J N U M
I F O I K T P L L N P R A I
L E K C J E U E A O R S R E
D L O Z R H B R S G E S T J
Y Y M Y Y T L I K T R Q Y Ę
M X P Ć T Q I N I T Y K S T
J U O N M R C A P O V L T N
W D Z I Ę C Z N Y Z C O Y O
Y R Y Y T A N C E R Z E C Ś
Y B T B K H O Z Y Ł K Q Z Ć
M X O T R A Ś L N F O O N V
K J R G R M Ć I I F Ł S Y L
W Y R A Z I S T Y D K K W I
```

OKLASKI   WDZIĘCZNY
ARTYSTYCZNY   LEKCJE
PUBLICZNOŚĆ   MUZYKA
BALERINA   ĆWICZYĆ
KOMPOZYTOR   RYTM
TANCERZE   UMIEJĘTNOŚĆ
WYRAZISTY   STYL
GEST

52 - Human Body

```
S  S  K  Ó  R  A  X  A  Ł  Y  Z  S  A  P
F  E  Z  U  S  T  A  N  O  G  A  P  F  P
T  O  R  C  R  Ę  K  A  K  O  L  A  N  O
G  N  J  C  Z  X  Z  H  I  K  M  C  O  Z
K  Ł  Q  L  E  Ę  Q  Ł  E  O  Ó  V  S  F
O  M  O  R  I  O  K  K  Ć  S  Z  Y  J  A
Ś  Q  T  W  A  R  Z  A  Z  T  G  G  E  D
C  O  R  G  A  N  K  T  T  K  X  F  T  T
I  I  U  J  U  C  H  O  I  A  T  P  I  J
R  A  M  I  Ę  T  B  L  R  I  B  A  B  Q
B  A  C  R  R  H  Q  F  Y  R  E  L  N  U
K  T  X  K  K  R  E  W  M  N  K  E  U  N
P  O  D  B  R  Ó  D  E  K  L  Y  C  H  L
J  T  H  B  G  B  C  M  J  G  G  K  Z  H
```

KOSTKA	GŁOWA
KREW	SERCE
KOŚCI	SZCZĘKA
MÓZG	KOLANO
PODBRÓDEK	NOGA
UCHO	USTA
ŁOKIEĆ	SZYJA
TWARZ	NOS
PALEC	RAMIĘ
RĘKA	SKÓRA

53 - Musical Instruments

```
G  S  J  H  B  Ę  B  E  N  S  M  S  W  H
R  M  P  I  A  N  I  N  O  B  Ó  J  I  A
F  T  O  P  N  R  G  O  N  G  L  G  O  R
G  R  A  E  J  G  F  D  X  A  P  I  L  M
O  Y  A  A  O  K  L  A  R  N  E  T  O  O
T  R  Ą  B  K  A  L  N  P  W  R  A  N  N
M  A  N  D  O  L  I  N  A  L  K  R  C  I
A  W  L  D  X  F  L  E  T  K  U  A  Z  J
R  P  R  G  X  Z  P  Ł  R  H  S  N  E  K
I  F  X  Y  N  G  I  U  B  C  J  O  L  A
M  A  M  J  Q  Ł  Q  B  Z  G  Á  Ł  A  K
B  G  I  B  T  S  A  K  S  O  F  O  N  V
A  O  T  A  M  B  U  R  Y  N  N  I  P  O
A  T  I  S  Q  S  K  R  Z  Y  P  C  E  C
```

BANJO	MANDOLINA
FAGOT	MARIMBA
WIOLONCZELA	OBÓJ
KLARNET	PERKUSJA
BĘBEN	PIANINO
FLET	SAKSOFON
GONG	TAMBURYN
GITARA	PUZON
HARMONIJKA	TRĄBKA
HARFA	SKRZYPCE

54 - Cooking Tools

```
D U R S Z L A K Z M N W R M
Q U K L W Y L F S Ł X I I N
Ł O P A T K A O Ł Y K E T R
C Z A J N I K S D C D K A W
Ł Y Ż K A M U O I Ó Z O R I
Y A Ł N M I O K P T W G K D
P N K Q X K B O Ł D K A E
N O Q P U S P W T F A O A L
Z Ż L Z C E V I Q S N Z S E
E Y G C Y R U R E S Ó Z F C
M C O E Ł J Z Ó Ł C Ż R D W
S Z T U Ć C E W T O S T E R
I K T Z P I E K A R N I K O
Ł I N S I X L A Q K C Q E U
```

MIKSER
DURSZLAK
SZTUĆCE
WIDELEC
TARKA
SOKOWIRÓWKA
CZAJNIK
NÓŻ
WIEKO

PIEKARNIK
LODÓWKA
NOŻYCZKI
ŁOPATKA
ŁYŻKA
PIEC
SITKO
TOSTER

55 - Fruit

```
U T V O L E U L Y A F M C W
J A G O D A N A N A S A Y I
Y O G C Q M Ł F K X U L T Ś
K I W I Y M M T A B S I R N
D U Z B J F Y M Z K M N Y I
G F I G A W O K A D O A N A
R A I U B N W X P F R K A E
U O Ł A Ł Y A X A M E L O N
S I T W K Y Ł N T L L Q D S
Z X S A O Q T N M D A W W M
K U J T Z P H K P A P A J A
A N E K T A R Y N A N R J Q
B R Z O S K W I N I A G I M
W I N O G R O N O M N B O W
```

JABŁKO	KIWI
MORELA	CYTRYNA
AWOKADO	MANGO
BANAN	MELON
JAGODA	NEKTARYNA
WIŚNIA	PAPAJA
KOKOS	BRZOSKWINIA
FIGA	GRUSZKA
WINOGRONO	ANANAS
GUAWA	MALINA

56 - Virtues #1

```
P S N I E Z A W O D N Y U L
O K H C R E F V R K Ł A D Y
M R J W Y D A J N Y Z R I D
O O S P S C O Q T H Y T N E
C M X L H Z A B A W N Y T C
N N J F V Y N P R X I S E Y
Y Y Q W D S N U X Y E T L D
P E W N I T U R O C Z Y I U
M Ą D R Y Y N T V B A C G J
C I E K A W Y H I Q L Z E Ą
P A C J E N T U O U E N N C
D Q O Y V R H Q T J Ż Y T Y
P R A K T Y C Z N Y N W N Z
N A M I Ę T N Y N S Y Y Y B
```

ARTYSTYCZNY	POMOCNY
UROCZY	NIEZALEŻNY
CZYSTY	INTELIGENTNY
PEWNI	SKROMNY
CIEKAWY	NAMIĘTNY
DECYDUJĄCY	PACJENT
WYDAJNY	PRAKTYCZNY
ZABAWNY	NIEZAWODNY
HOJNY	MĄDRY
DOBRY	

57 - Kitchen

```
H  J  Y  A  F  N  L  S  V  T  P  G  D  M
Ł  Y  A  W  Z  A  M  R  A  Ż  A  R  K  A
P  R  Z  Y  P  R  A  W  Y  D  Ł  I  W  N
R  N  B  S  Ł  O  I  K  S  Z  E  L  I  Ł
F  A  R  T  U  C  H  G  E  B  C  L  D  W
L  F  K  A  P  B  E  E  R  A  Z  B  E  P
L  O  D  Ó  W  K  A  Ł  W  N  K  L  L  I
O  G  X  C  Ł  A  O  K  E  E  I  W  C  E
B  Ą  A  R  Z  Y  A  S  T  K  T  N  E  K
T  B  K  D  E  A  Ż  W  K  A  O  O  V  A
C  K  U  B  K  I  J  K  A  K  N  Ż  G  R
K  A  J  E  Ś  Ć  R  N  I  A  H  E  J  N
P  R  Z  E  P  I  S  M  I  S  K  A  T  I
Ż  Y  W  N  O  Ś  Ć  O  O  K  N  V  M  K
```

FARTUCH	CZAJNIK
MISKA	NOŻE
PAŁECZKI	SERWETKA
KUBKI	PIEKARNIK
ŻYWNOŚĆ	PRZEPIS
WIDELCE	LODÓWKA
ZAMRAŻARKA	PRZYPRAWY
GRILL	GĄBKA
SŁOIK	ŁYŻKI
DZBANEK	JEŚĆ

58 - Art Supplies

```
K O L O R Y L Z F Y A F L M
C F O Ł Ó W K I S T Ó Ł O D
A G S X S R O G Z N U K S M
A K J F X E L D T J Z X P X
Q L R H M N E L A G U M K A
A E K Y Q I J G L L P A R J
Y J P N L K F O U I A K Z H
P Ę D Z L E R U G N P W E N
K A M E R A M E A A I A S J
F A R B Y S T Y D B E R Ł H
A T R A M E N T O K R E O J
F C P J J I S U S K I L K K
Q P O M Y S Ł Y F L A E R P
K R E A T Y W N O Ś Ć G T I
```

AKRYL	KLEJ
PĘDZLE	POMYSŁY
KAMERA	ATRAMENT
KRZESŁO	OLEJ
GLINA	FARBY
KOLORY	PAPIER
KREDKI	OŁÓWKI
KREATYWNOŚĆ	STÓŁ
SZTALUGA	WODA
GUMKA	AKWARELE

59 - Science Fiction

```
W  F  C  T  R  F  O  Ś  A  G  I  L  T  W
Y  A  H  E  O  U  G  W  P  A  L  O  A  Y
R  N  E  C  B  T  I  I  S  L  U  W  J  I
O  T  M  H  O  U  E  A  D  A  Z  A  E  M
C  A  I  N  T  R  Ń  T  U  K  J  T  M  A
Z  S  K  O  Y  Y  S  B  M  T  A  O  N  G
N  T  A  L  L  S  K  K  Q  Y  G  M  I  I
I  Y  L  O  R  T  H  S  R  K  O  O  C  N
A  C  I  G  W  Y  S  Z  I  A  M  W  Z  O
U  Z  A  I  E  C  S  O  Y  Ą  J  Y  Y  W
P  N  U  A  Y  Z  K  I  N  O  Ż  N  V  A
M  Y  P  L  A  N  E  T  A  Ł  V  K  Y  N
X  N  H  B  D  Y  S  T  O  P  I  A  I  Y
U  T  O  P  I  A  W  Y  B  U  C  H  O  D
```

ATOMOWY	GALAKTYKA
KSIĄŻKI	ILUZJA
CHEMIKALIA	WYIMAGINOWANY
KINO	TAJEMNICZY
DYSTOPIA	WYROCZNIA
WYBUCH	PLANETA
SKRAJNY	ROBOTY
FANTASTYCZNY	TECHNOLOGIA
OGIEŃ	UTOPIA
FUTURYSTYCZNY	ŚWIAT

60 - Airplanes

```
E  P  B  Ł  L  Ą  D  O  W  A  N  I  E  Z
P  R  A  V  V  O  Z  P  I  L  O  T  Y  E
G  O  L  L  B  U  D  O  W  A  J  T  D  R
C  J  O  H  I  S  T  O  R  I  A  I  I  K
Q  E  N  R  M  W  O  D  Ó  R  S  Q  H  I
A  K  N  W  F  P  O  W  I  E  T  R  Z  E
P  T  P  R  Z  Y  G  O  D  A  X  S  E  R
G  A  M  F  Z  F  N  I  E  B  O  I  J  U
W  Y  S  O  K  O  Ś  Ć  I  Ś  G  Ł  Ś  N
Ł  K  B  A  S  S  W  R  C  M  N  N  C  E
X  Q  F  K  Ż  F  B  Y  D  I  E  I  I  K
A  N  Q  K  T  E  E  H  N  G  N  K  E  L
Z  A  Ł  O  G  A  R  R  E  Ł  Ł  K  S  F
K  W  U  Ł  F  L  U  R  A  A  G  E  Z  A
```

PRZYGODA	PALIWO
POWIETRZE	WYSOKOŚĆ
ATMOSFERA	HISTORIA
BALON	WODÓR
BUDOWA	LĄDOWANIE
ZAŁOGA	PASAŻER
ZEJŚCIE	PILOT
PROJEKT	ŚMIGŁA
KIERUNEK	NIEBO
SILNIK	

61 - Ocean

```
K  V  Ł  H  W  O  D  O  R  O  S  T  M  Ł
O  R  E  K  I  N  E  H  S  A  J  H  E  R
R  U  A  W  U  G  L  O  N  Y  F  E  D  C
A  G  Ą  B  K  A  F  M  Q  I  V  A  U  J
L  C  M  V  W  B  I  P  Ł  Y  W  Y  Z  S
K  H  B  I  A  U  N  W  G  U  B  O  A  Ó
O  Ś  M  I  O  R  N  I  C  A  T  S  K  L
W  Ę  G  O  R  Z  R  E  G  U  U  T  R  O
Ż  Ó  Ł  W  D  A  B  L  J  E  Ń  R  E  Y
K  V  F  F  D  N  H  O  X  O  C  Y  W  M
R  Y  B  A  W  Z  E  R  F  R  Z  G  E  D
R  G  M  Z  C  B  E  Y  H  D  Y  A  T  A
O  S  L  E  Ł  N  T  B  L  Ł  K  M  K  A
F  K  R  Q  Ł  J  Z  I  Y  L  W  N  A  O
```

GLONY	SÓL
KORAL	WODOROST
KRAB	REKIN
DELFIN	KREWETKA
WĘGORZ	GĄBKA
RYBA	BURZA
MEDUZA	PŁYWY
OŚMIORNICA	TUŃCZYK
OSTRYGA	ŻÓŁW
RAFA	WIELORYB

62 - Birds

```
U W W O P Ł Z J A J K O R T
I W R O N A O Y Q K U R K U
R R P K Z B S H R U K Z A K
I Ó B N P Ę T P P R U E N A
F B Ł O G D R J B C Ł Ł A N
E E P B C Ź U Y S Z K P R W
O L A P M I Ś C X A A G E X
U R P C E K A C Z K A G K W
X M U R Z P I N G W I N Ę K
V E G F L A M I N G C E Z Ś
H W A Y M P P E H P C H R K
L A M T I C Q L Ł A J W K T
P E L I K A N W A W O W Q I
L N Q R U J E T U U O J I T
```

KANAREK	CZAPLA
KURCZAK	STRUŚ
WRONA	PAPUGA
KUKUŁKA	PAW
KACZKA	PELIKAN
ORZEŁ	PINGWIN
JAJKO	WRÓBEL
FLAMING	BOCIAN
GĘŚ	ŁABĘDŹ
MEWA	TUKAN

63 - Art

```
S  U  R  R  E  A  L  I  Z  M  R  D  E  Z
K  O  M  P  L  E  K  S  T  W  Ó  R  Z  A
R  S  D  R  W  I  Z  U  A  L  N  Y  T  I
M  O  P  O  E  Z  J  A  B  R  Q  A  M  N
B  B  E  S  W  Y  R  A  Ż  E  N  I  E  S
F  I  H  T  X  T  L  L  X  S  U  V  G  P
N  S  Q  Y  J  L  E  Q  M  M  C  I  K  I
A  T  O  C  E  R  A  M  I  C  Z  N  Y  R
S  Y  B  B  S  R  N  G  A  X  C  V  D  O
T  H  Y  N  R  Y  X  Y  F  T  I  P  X  W
R  Z  E  Ź  B  A  M  D  M  V  W  A  G  A
Ó  K  C  L  O  R  Z  B  R  G  Y  Y  F  N
J  Y  D  K  G  S  M  Y  O  F  C  Q  J  Y
O  R  Y  G  I  N  A  Ł  H  L  Q  M  C  Y
```

CERAMICZNY   OSOBISTY
KOMPLEKS   POEZJA
STWÓRZ   RZEŹBA
WYRAŻENIE   PROSTY
UCZCIWY   TEMAT
ZAINSPIROWANY   SURREALIZM
NASTRÓJ   SYMBOL
ORYGINAŁ   WIZUALNY
OBRAZY

64 - Nutrition

```
W  F  E  R  M  E  N  T  A  C  J  A  B  W
U  A  M  V  J  L  S  W  P  O  N  F  B  Ę
S  W  G  K  E  N  O  T  E  D  A  Y  A  G
Z  Z  O  A  I  Q  S  O  T  R  W  P  G  L
B  I  A  Ł  K  A  C  K  Y  P  Y  Ł  M  O
Q  K  P  J  G  Y  R  S  T  Z  K  Y  D  W
J  A  D  A  L  N  Y  Y  N  F  I  N  W  O
B  L  Z  K  Z  E  V  N  W  Ł  L  Y  I  D
T  O  U  O  D  D  V  A  S  M  A  K  T  A
D  R  J  Ś  R  M  R  A  X  P  D  S  A  N
B  I  W  Ć  O  F  G  O  R  Z  K  I  M  Y
F  E  E  R  W  E  U  N  W  E  M  N  I  Q
I  N  K  T  Y  V  Ł  V  I  I  Y  I  N  W
Q  B  T  R  A  W  I  E  N  I  E  X  A  Y
```

APETYT	ZDROWIE
GORZKI	ZDROWY
KALORIE	PŁYNY
WĘGLOWODANY	BIAŁKA
DIETA	JAKOŚĆ
TRAWIENIE	SOS
JADALNY	TOKSYNA
FERMENTACJA	WITAMINA
SMAK	WAGA
NAWYKI	

65 - Hiking

```
S  E  P  H  K  A  M  I  E  N  I  E  O  D
Ł  Z  J  T  P  L  F  R  A  B  X  U  C  Z
O  W  C  F  C  B  I  Z  C  I  Ę  Ż  K  I
Ń  I  P  Z  Ł  N  A  M  W  O  D  A  U  K
C  E  G  H  Y  A  G  Ę  A  P  A  R  K  I
E  R  G  B  U  T  Y  C  L  T  L  K  K  Q
H  Z  P  L  R  U  L  Z  G  Ó  R  A  E  K
X  Ą  I  B  C  R  C  O  P  S  R  P  M  U
G  T  M  A  P  A  M  N  K  C  Q  E  P  O
M  U  J  I  J  T  E  Y  H  L  W  P  I  A
Z  A  G  R  O  Ż  E  N  I  A  I  X  N  B
O  R  I  E  N  T  A  C  J  A  B  F  G  C
P  R  Z  E  W  O  D  N  I  K  I  P  S  L
P  R  Z  Y  G  O  T  O  W  A  N  I  E  Q
```

ZWIERZĄT	NATURA
BUTY	ORIENTACJA
KEMPING	PARKI
KLIF	PRZYGOTOWANIE
KLIMAT	KAMIENIE
PRZEWODNIKI	SZCZYT
ZAGROŻENIA	SŁOŃCE
CIĘŻKI	ZMĘCZONY
MAPA	WODA
GÓRA	DZIKI

66 - Professions #1

```
P  M  A  M  B  A  S  A  D  O  R  B  X  Q
Q  R  Y  N  J  X  L  O  P  P  B  Ł  M  U
Z  H  Y  Ś  P  I  A  N  I  S  T  A  U  P
J  U  B  I  L  E  R  M  E  K  R  D  Z  R
B  J  C  C  Ł  I  U  A  L  S  E  W  Y  A
A  T  W  Ł  J  H  W  Ę  K  N  O  K  W
N  S  A  T  M  K  H  Y  G  A  E  K  Ł  N
K  L  T  N  A  F  N  N  R  R  A  G  I
I  E  J  R  C  H  P  A  I  T  E  T  E  K
E  K  Z  Q  O  E  O  R  A  O  C  V  O  Y
R  A  L  R  Q  N  R  Z  R  G  Ł  C  L  G
E  R  C  X  R  L  O  Z  K  R  K  O  O  M
E  Z  I  E  F  X  T  M  A  A  S  D  G  X
R  E  D  A  K  T  O  R  H  F  Q  Q  Q  C
```

AMBASADOR	GEOLOG
ASTRONOM	MYŚLIWY
ADWOKAT	JUBILER
BANKIER	PRAWNIK
KARTOGRAF	MUZYK
TRENER	PIELĘGNIARKA
TANCERZ	PIANISTA
LEKARZ	MARYNARZ
REDAKTOR	

67 - Dinosaurs

```
O L R W R Z I E M I A X M W
G D L D A Ł Z C G B O S I S
R B N F P O F N R T G K Ę Z
O K Q W T Ś V X J Z O R S Y
M X E W O L U C J A N Z O S
N A W X R I G A D N E Y Ż T
Y E M R V W I A R I H D E K
Q K Ł U F Y S W T K B Ł R O
I F U G T W P V R U P A C Ż
R O Ś L I N O Ż E R N E A E
P O T Ę Ż N Y D J N B E L R
N N S U D M O W U B X C K N
T Ł G X R Z B Z W Ż Ł S Ł Y
L P O R O Z M I A R Y N V F
```

MIĘSOŻERCA	POTĘŻNY
ZANIK	RAPTOR
ZIEMIA	GAD
OGROMNY	ROZMIAR
EWOLUCJA	GATUNEK
ROŚLINOŻERNE	OGON
DUŻY	ZŁOŚLIWY
MAMUT	SKRZYDŁA
WSZYSTKOŻERNY	

68 - Barbecues

```
Ż  P  E  J  I  L  M  M  W  H  Ł  W  C  S
Y  Z  O  P  H  S  E  Y  Y  V  J  I  T  T
W  O  L  M  Y  P  O  X  G  Ł  Ó  D  P  A
N  F  A  A  I  X  V  S  X  J  R  E  R  T
O  Q  T  K  Ł  D  Z  I  E  C  I  L  Z  S
Ś  Q  O  U  H  N  O  W  O  C  X  C  Y  A
Ć  C  G  R  Y  A  W  R  P  Z  M  E  J  Ł
C  M  R  C  O  M  U  Z  Y  K  A  O  A  A
Y  Ł  I  Z  P  D  G  O  R  Ą  C  Y  C  T
K  V  L  A  Q  I  Z  L  Y  S  Ó  L  I  K
O  O  L  K  R  R  F  I  Ł  R  Y  R  E  I
W  A  R  Z  Y  W  A  F  N  O  Ż  E  L  Q
O  B  I  A  D  Ł  H  Q  U  A  X  I  E  C
T  N  M  R  T  P  J  O  F  C  S  R  Y  H
```

KURCZAK	GORĄCY
DZIECI	GŁÓD
OBIAD	NOŻE
RODZINA	MUZYKA
ŻYWNOŚĆ	SAŁATKI
WIDELCE	SÓL
PRZYJACIELE	SOS
OWOC	LATO
GRY	POMIDORY
GRILL	WARZYWA

69 - Surfing

```
M  I  S  T  R  Z  K  Y  S  Z  T  U  P  E
L  Ł  T  J  V  B  Q  B  U  T  O  M  I  R
Ł  S  C  K  K  O  N  A  P  Ł  Y  W  A  Ć
M  K  Ł  J  U  F  X  X  L  L  R  L  N  O
P  R  Ę  D  K  O  Ś  Ć  A  V  Z  T  K  C
O  A  Ł  F  B  W  E  P  Ż  F  A  L  A  E
P  J  G  B  A  A  I  Ż  A  C  B  C  D  A
U  N  O  M  P  O  G  O  D  A  A  R  B  N
L  Y  D  M  B  D  M  Ł  S  H  W  C  T  M
A  L  S  I  Ł  A  E  Ą  P  Ł  A  H  Ł  Q
R  D  R  M  U  A  A  D  R  F  O  F  U  I
N  J  T  Ł  A  T  L  E  T  A  A  T  M  J
Y  P  O  C  Z  Ą  T  K  U  J  Ą  C  Y  Ł
S  E  O  N  X  F  H  X  L  R  A  F  A  M
```

ATLETA
PLAŻA
POCZĄTKUJĄCY
MISTRZ
TŁUMY
SKRAJNY
PIANKA
ZABAWA
OCEAN
WIOSŁO

POPULARNY
RAFA
PRĘDKOŚĆ
ŻOŁĄDEK
SIŁA
STYL
PŁYWAĆ
FALA
POGODA

70 - Chocolate

```
F  P  R  Z  E  P  I  S  O  G  C  K  J  U
E  G  Z  O  T  Y  C  Z  N  Y  U  A  Q  W
A  U  T  M  I  S  M  A  K  G  K  R  J  E
J  E  Ś  Ć  G  Z  E  A  L  J  I  M  S  U
S  A  Ł  P  M  N  N  R  O  C  E  E  L  L
Ł  R  K  R  E  Y  S  O  G  Y  R  L  C  U
O  R  A  O  S  K  K  M  B  V  Ł  V  U  B
D  Z  L  S  Ś  D  Ł  A  G  O  R  Z  K  I
K  R  O  Z  Ł  Ć  A  T  K  F  L  U  I  O
I  T  R  E  V  O  D  E  O  A  V  T  E  N
E  T  I  K  V  R  N  Y  K  G  O  G  R  Y
D  Ł  E  M  S  M  I  K  O  Y  I  Z  E  H
H  U  J  Ł  C  O  K  L  S  E  M  E  K  Ł
A  N  T  Y  O  K  S  Y  D  A  N  T  C  W
```

ANTYOKSYDANT   ULUBIONY
AROMAT   SKŁADNIK
GORZKI   PROSZEK
KAKAO   JAKOŚĆ
KALORIE   PRZEPIS
CUKIEREK   CUKIER
KARMEL   SŁODKIE
KOKOS   SMAK
PYSZNY   JEŚĆ
EGZOTYCZNY

71 - Vegetables

```
S M A R C H E W K A G R G G
Z S Z A L O T K A C R Z U R
P I M B I R G H N Q O O K Z
I C B I U F A Ó O P C D A Y
N C E B U L A Y R I H K R B
A B R O K U Ł Y Z E I I C R
K O F J C C X D E T K E Z H
P O M I D O R Y P R E W O E
C Z O S N E K N A U P K C S
S Q V M W Q W I W S I A H E
C E A J L W B A R Z P R A L
B A K Ł A Ż A N K K P J P E
W X L P M R S A Ł A T K A R
B M K A L A F I O R G H K S
```

KARCZOCH	CEBULA
BROKUŁY	PIETRUSZKA
MARCHEWKA	GROCH
KALAFIOR	DYNIA
SELER	RZODKIEWKA
OGÓREK	SAŁATKA
BAKŁAŻAN	SZALOTKA
CZOSNEK	SZPINAK
IMBIR	POMIDOR
GRZYB	RZEPA

72 - Boats

```
F C Q D I O H K H K C J K H
A V M O R Z E X J P D L Ł S
L Q E K O T W I C A Y Z P I
E A Q L P T D L B Q V R Z L
R X D N Y R H N L O C E A N
N Z Q N A A O M I Ż J F Ł I
A K E I T T N M N A E A O K
U A M K L W M A A G Z L G V
T J I G A A T S M L I A A U
Y A M F J Y A Z J Ó O I U A
C K S J H F V T Y W R L T H
Z M A R Y N A R Z K O K Q H
N X T P Ł B B F J A C H T D
Y I G M A L W P H A I Z Ł E
```

KOTWICA

BOJA

ZAŁOGA

DOK

SILNIK

PROM

KAJAK

JEZIORO

MASZT

NAUTYCZNY

OCEAN

TRATWA

RZEKA

LINA

ŻAGLÓWKA

MARYNARZ

MORZE

FALA

FALE

JACHT

73 - Activities and Leisure

```
M  B  G  K  E  M  P  I  N  G  O  W  W  J
W  A  Ł  X  H  B  O  K  S  D  D  Ę  Y  N
Ę  S  L  I  O  N  D  C  P  B  P  D  Ś  Ł
D  E  S  A  G  T  R  M  I  N  R  K  C  J
R  B  U  S  R  O  Ó  F  Ł  U  Ę  A  I  E
Ó  A  R  I  O  S  Ż  Z  K  R  Ż  R  G  P
W  L  F  A  D  Z  T  R  A  K  A  S  I  Ł
K  L  I  T  N  T  E  W  N  O  J  T  V  Y
I  T  N  K  I  U  N  T  O  W  Ą  W  I  W
X  S  G  Ó  C  K  I  F  Ż  A  C  O  F  A
G  R  S  W  T  A  S  E  N  N  Y  J  B  N
C  O  E  K  W  M  N  K  A  I  S  E  E  I
B  A  L  A  O  B  Z  P  M  E  N  O  C  E
A  W  R  F  S  V  H  O  B  B  Y  F  O  I
```

SZTUKA	MALARSTWO
BASEBALL	WYŚCIGI
BOKS	ODPRĘŻAJĄCY
KEMPING	PIŁKA NOŻNA
NURKOWANIE	SURFING
WĘDKARSTWO	PŁYWANIE
OGRODNICTWO	TENIS
GOLF	PODRÓŻ
WĘDRÓWKI	SIATKÓWKA
HOBBY	

74 - Driving

```
L G L M T Q W S Q A I Q C M
P Z I V Z R H I Ł E Ł O J O
P I V X H X A L A T K L M T
R A E P S O M N U L I C A O
Ę P L S A R U I S X E E P C
D O I I Z Ł L K A P R N A Y
K L C D W Y C M M T O B M K
O I E R T O E T O I W R N L
Ś C N O M X M V C Q C O T X
Ć J C G A R A Ż H G A Z I W
W A J A S N W O Ó T U N E L
N K A P W Y P A D E K G R H
C I Ę Ż A R Ó W K A U X A B
F F R U C H D R O G O W Y H
```

WYPADEK	MOTOCYKL
HAMULCE	PIESZY
SAMOCHÓD	POLICJA
KIEROWCA	DROGA
PALIWO	PRĘDKOŚĆ
GARAŻ	ULICA
GAZ	RUCH DROGOWY
LICENCJA	TRANSPORT
MAPA	CIĘŻARÓWKA
SILNIK	TUNEL

75 - Professions #2

```
F  R  Q  Ł  B  C  O  G  R  O  D  N  I  K
K  I  O  G  Y  Ł  H  P  F  T  X  Q  V  Y
V  Q  L  L  Z  X  V  I  B  I  O  L  O  G
Q  X  N  O  N  Ł  M  L  R  L  R  V  J  N
V  Y  J  E  Z  I  K  O  K  U  V  S  J  A
E  J  H  E  B  O  K  T  H  S  R  M  D  U
Z  O  O  L  O  G  F  F  Y  T  M  G  E  C
G  K  M  O  F  O  T  O  G  R  A  F  N  Z
I  N  Ż  Y  N  I  E  R  N  A  L  U  T  Y
W  Y  N  A  L  A  Z  C  A  T  A  Y  Y  C
D  E  T  E  K  T  Y  W  U  O  R  O  S  I
A  H  B  H  L  L  E  K  A  R  Z  K  T  E
B  I  B  L  I  O  T  E  K  A  R  Z  A  L
A  S  T  R  O  N  A  U  T  A  T  B  C  X
```

ASTRONAUTA	BIBLIOTEKARZ
BIOLOG	MALARZ
DENTYSTA	FILOZOF
DETEKTYW	FOTOGRAF
INŻYNIER	LEKARZ
ROLNIK	PILOT
OGRODNIK	CHIRURG
ILUSTRATOR	NAUCZYCIEL
WYNALAZCA	ZOOLOG

76 - Emotions

```
Z A W A R T O Ś Ć D A A X U
R A D O Ś Ć W U O N L Q T A
R A D R O P O K Ó J Ł Z M V
V I A O N A S M U T E K Ż O
N G J Z W D Z I Ę C Z N Y T
I N L K I O T A S T R A C H
M I Ł O Ś Ć L A T N U C Z C
Ł E Ł S N R G O G U L R L Z
H W A Z S S I A N D G M I U
B V Q M X V J H C A A P W Ł
Z A K Ł O P O T A N Y Q O O
W S P Ó Ł C Z U C I E W Ś Ś
Ł D F V D S P O K Ó J P Ć Ć
N I E S P O D Z I A N K A C
```

GNIEW	MIŁOŚĆ
ROZKOSZ	POKÓJ
NUDA	ULGA
ZAWARTOŚĆ	SMUTEK
ZAKŁOPOTANY	ZADOWOLONA
STRACH	NIESPODZIANKA
WDZIĘCZNY	WSPÓŁCZUCIE
RADOŚĆ	CZUŁOŚĆ
ŻYCZLIWOŚĆ	SPOKÓJ

77 - Mythology

```
T  U  Z  A  C  H  O  W  A  N  I  E  B  Z
H  J  K  A  T  A  S  T  R  O  F  A  Ó  E
B  Z  U  V  Z  E  B  E  N  Q  Z  L  S  M
O  P  U  E  E  D  S  Y  P  R  S  P  T  S
D  I  X  W  Z  K  R  E  A  C  J  A  W  T
B  O  H  A  T  E  R  O  P  K  W  K  S  A
G  R  L  G  F  C  S  Ś  U  I  U  I  A  A
R  U  N  E  D  E  Q  Z  I  Ć  E  L  Ł  R
Z  N  G  I  G  P  O  T  W  Ó  R  T  A  C
M  L  B  Q  E  E  I  O  U  G  Z  U  H  H
O  R  L  I  A  B  N  L  L  E  R  G  E  E
T  B  I  A  Q  X  O  D  P  Q  N  A  M  T
L  A  B  I  R  Y  N  T  A  P  I  G  T  Y
Ś  M  I  E  R  T  E  L  N  Y  A  C  B  P
```

ARCHETYP   ZAZDROŚĆ
ZACHOWANIE   LABIRYNT
WIERZENIA   LEGENDA
KREACJA   PIORUN
KULTURA   POTWÓR
BÓSTW   ŚMIERTELNY
KATASTROFA   ZEMSTA
NIEBO   SIŁA
BOHATER   GRZMOT

78 - Hair Types

```
H Y Z W H P D D C M A S C M
B L O N D O Ł Ł B I A Ł Y Z
Ł Y S Y G R U B Y Ę E Ł H O
Y N I M D A G J K K W N O A
S P M W Y X I D V K K K K B
Z S Z A R Y E S T I P O A I
C D B R S N U U L R L L X Ł
Z G R K K R Ę C O N E O U J
Ą A Ą O E R Ł H K Y C R H R
C V Z C W D Ó Y I A I O W F
Y U O Z D Y R T O S O W U J
S M W E O J E R K W N E B D
E F Y C Z A R N Y I Y Z V M
S U Ł H N Y Q F A L I S T Y
```

ŁYSY	SZARY
CZARNY	ZDROWY
BLOND	DŁUGIE
PLECIONY	BŁYSZCZĄCY
WARKOCZE	KRÓTKI
BRĄZOWY	MIĘKKI
KOLOROWE	GRUBY
LOKI	CIENKI
KRĘCONE	FALISTY
SUCHY	BIAŁY

79 - Furniture

```
B  I  U  R  K  O  M  Ł  K  B  P  P  L  Ł
F  U  T  O  N  H  A  M  A  K  O  I  M  J
O  E  K  B  D  S  T  X  O  K  D  T  C  C
T  X  U  K  R  Z  E  S  Ł  O  U  S  D  M
E  R  V  X  P  S  R  R  B  M  S  L  K  Y
L  A  M  P  A  B  A  E  T  O  Z  W  N  U
P  Y  V  V  N  Z  C  G  S  D  K  C  O  Q
W  Ó  H  Z  K  A  N  A  P  A  A  T  K  T
L  S  Ł  E  D  S  D  Ł  K  O  Ł  D  R  Y
S  U  K  K  K  Ł  Y  J  Ó  N  A  L  Y  H
A  A  S  V  I  O  W  D  O  Ż  W  V  K  D
F  F  R  T  X  N  A  C  D  R  K  I  W  E
Ł  M  V  P  R  Y  N  T  U  K  A  O  B  D
K  Q  Q  P  U  O  P  O  D  U  S  Z  K  I
```

FOTEL	KOMODA
ŁÓŻKO	FUTON
ŁAWKA	HAMAK
REGAŁ	LAMPA
KRZESŁO	MATERAC
KOŁDRY	LUSTRO
KANAPA	PODUSZKA
ZASŁONY	DYWAN
PODUSZKI	PÓŁKI
BIURKO	

80 - Garden

```
R  W  Ł  X  T  A  R  A  S  I  Z  H  D  C
T  R  C  D  R  G  U  B  B  F  Z  A  R  H
Ł  A  W  K  A  R  G  A  R  A  Ż  M  Z  W
O  X  Ą  W  M  A  S  Z  S  E  F  A  E  A
P  A  Ż  I  P  B  T  R  A  W  A  K  W  S
A  C  G  A  O  I  A  N  H  Z  S  H  O  T
T  S  V  T  L  E  W  Q  Ł  Ł  K  A  V  Y
A  R  Z  W  I  N  O  R  O  Ś  L  V  D  H
T  R  A  W  N  I  K  P  Z  S  Z  T  K  J
P  F  X  Q  A  B  G  W  W  T  I  T  R  Z
Ł  X  O  G  R  O  D  Z  E  N  I  E  Z  A
D  O  D  R  T  F  S  P  B  O  V  V  A  N
Ł  K  N  I  J  T  F  V  A  J  J  R  K  O
O  G  R  Ó  D  G  A  N  E  K  C  R  N  E
```

ŁAWKA	SAD
KRZAK	STAW
OGRODZENIE	GANEK
KWIAT	GRABIE
GARAŻ	ŁOPATA
OGRÓD	TARAS
TRAWA	TRAMPOLINA
HAMAK	DRZEWO
WĄŻ	WINOROŚL
TRAWNIK	CHWASTY

81 - Birthday

```
U  P  G  I  F  C  Z  A  S  K  U  Ł  K  M
R  R  X  S  J  I  A  N  D  A  R  S  A  Ł
O  Z  Q  T  B  A  P  V  G  L  O  Z  R  O
D  Y  P  L  D  S  R  O  K  E  C  C  T  D
Z  J  K  I  Q  T  O  P  S  N  Z  Z  Y  Y
O  A  O  Z  O  O  S  I  S  D  Y  Ę  M  M
N  C  S  Z  L  S  Z  T  F  A  S  Ś  Ą  R
Y  I  P  R  E  Z  E  N  T  R  L  D  A
G  E  L  Ś  E  A  N  N  C  Z  O  I  R  D
V  L  W  W  F  B  I  L  K  H  Ś  W  O  O
P  E  G  I  U  A  A  Q  O  A  Ć  Y  Ś  S
C  E  D  E  D  W  Ś  P  I  E  W  A  Ć  N
S  P  E  C  J  A  L  N  Y  P  P  F  H  Y
R  C  Z  E  M  V  D  Z  I  E  Ń  O  U  E
```

URODZONY	SZCZĘŚLIWY
CIASTO	ZAPROSZENIA
KALENDARZ	RADOSNY
ŚWIECE	PIOSENKA
KARTY	SPECJALNY
UROCZYSTOŚĆ	CZAS
DZIEŃ	ŚPIEWAĆ
PRZYJACIELE	MĄDROŚĆ
ZABAWA	ROK
PREZENT	MŁODY

82 - Beach

```
S  N  W  S  Ż  Y  Z  R  A  Z  L  V  S  R
P  Ł  Y  W  A  Ć  F  O  C  E  A  N  Ł  A
I  Y  B  I  G  N  V  N  C  K  G  J  O  F
A  G  R  F  L  Y  D  N  S  R  U  D  Ń  A
S  Ł  Z  X  Ó  X  A  A  X  A  N  V  C  R
E  Ó  E  S  W  Y  Q  P  Ł  B  A  I  E  Ę
K  D  Ż  F  K  V  J  A  X  Y  G  B  G  C
L  Ź  E  U  A  U  X  R  M  O  R  Z  E  Z
V  D  O  K  F  J  Y  A  Ł  Z  N  Q  R  N
S  U  I  P  J  W  Y  S  P  A  W  O  R  I
W  A  K  A  C  J  E  O  I  S  S  M  I  K
B  J  A  I  O  Z  A  L  V  W  X  C  W  Z
N  I  E  B  I  E  S  K  I  I  I  G  U  X
K  U  E  R  I  J  P  I  F  G  X  I  L  Ł
```

NIEBIESKI	ŻAGLÓWKA
ŁÓDŹ	PIASEK
WYBRZEŻE	SANDAŁY
KRAB	MORZE
DOK	SŁOŃCE
WYSPA	PŁYWAĆ
LAGUNA	RĘCZNIK
OCEAN	PARASOL
RAFA	WAKACJE

83 - Adjectives #1

```
E G Z O T Y C Z N Y S X A C
I D E N T Y C Z N Y Z R R A
A M B I T N Y B C B C A O R
T C P Ł J X Y P E C Z B M T
R I W O C I E M N Y Ę S A Y
A Ę A Q W P T Z N Ł Ś O T S
K Ż Ż C W O I N Y H L L Y T
C K N U W C L Ę S O I U C Y
Y I Y F O I W I K J W T Z C
J P O W A Ż N Y B N Y N N Z
N O W O C Z E S N Y Y Y Y N
Y L N R S I H U C Z C I W Y
J Z C I E N K I K L P N B B
P O M O C N Y J P A J J C N
```

ABSOLUTNY	CIĘŻKI
AMBITNY	POMOCNY
AROMATYCZNY	UCZCIWY
ARTYSTYCZNY	IDENTYCZNY
ATRAKCYJNY	WAŻNY
PIĘKNY	NOWOCZESNY
CIEMNY	POWAŻNY
EGZOTYCZNY	POWOLI
HOJNY	CIENKI
SZCZĘŚLIWY	CENNY

84 - Rainforest

```
R  Ó  Ż  N  O  R  O  D  N  O  Ś  Ć  S  S
K  T  E  R  W  O  E  Ż  H  O  V  Q  C  P
U  O  P  Ł  A  Z  Y  U  M  O  O  X  H  O
N  B  N  T  D  U  T  N  P  E  C  A  R  Ł
A  A  P  S  Y  X  E  G  T  C  C  Y  O  E
H  J  T  M  E  F  Y  L  A  E  H  H  N  C
E  Q  B  U  A  R  N  A  K  N  M  P  I  Z
J  L  E  S  R  G  W  X  I  N  U  Y  E  N
G  I  P  F  N  A  W  A  B  Y  R  V  N  O
K  L  I  M  A  T  R  A  C  A  Y  I  I  Ś
X  S  Z  A  C  U  N  E  K  J  H  Y  E  Ć
D  J  C  C  P  N  P  O  S  S  A  K  I  R
F  S  P  R  Z  E  T  R  W  A  N  I  E  A
Y  K  U  S  O  K  Q  Ł  P  X  F  X  F  S
```

PŁAZY
PTAKI
KLIMAT
CHMURY
SPOŁECZNOŚĆ
RÓŻNORODNOŚĆ
OWADY
DŻUNGLA
SSAKI

MECH
NATURA
KONSERWACJA
SCHRONIENIE
SZACUNEK
GATUNEK
PRZETRWANIE
CENNY

85 - Technology

```
C W R K I I O U W V X P W S
H B S Ł I X J S I L X R I X
Z S W I R U S A R W P Z A C
X T C N G K E R T Y Z E D Z
B A J T Y M E K U Ś P G O C
H T C E C L L U A W L L M I
C Y F R O W Y R L I I Ą O O
T S P N B W S S N E K D Ś N
U T B E J L K O Y T E A Ć K
I Y E T K A O R D L Q R M A
F K A M E R A G B A R K S P
B A D A N I A J A C N A S H
P W P R M M U N W Z S E B Y
X H O M O P K O M P U T E R
```

BLOG
PRZEGLĄDARKA
BAJTY
KAMERA
KOMPUTER
KURSOR
DANE
CYFROWY
WYŚWIETLACZ

PLIK
CZCIONKA
INTERNET
WIADOMOŚĆ
BADANIA
EKRAN
STATYSTYKA
WIRTUALNY
WIRUS

86 - Landscapes

```
G G X J X Ł M W Y S P A Ł B
Ó Ó C W Y N O Z W T L O P A
R P R T R G Z G N U A M R G
A U G A M Ł P Ó L A Ż N J N
L S M I G S U R T E A L W O
O T P O A Z A Z W U L K A N
D Y L Ó B Y S E O G N Q M N
O N O M Ł O C E A N J D Y K
W I D O M W Ł S B Y D R R E
A A O R G H Y N B K O C G A
M J W Z R Ł Y S Y O L K H E
S Ł I E A Z R J E Z I O R O
V Q E G E J Z E R P N R C H
J B C R Z E K A H M A U D P
```

PLAŻA	OAZA
PUSTYNIA	OCEAN
GEJZER	PÓŁWYSEP
LODOWIEC	RZEKA
WZGÓRZE	MORZE
GÓRA LODOWA	BAGNO
WYSPA	TUNDRA
JEZIORO	DOLINA
GÓRA	WULKAN

87 - Visual Arts

```
A  R  T  Y  S  T  A  R  C  L  I  E  D  H
K  G  I  K  L  W  X  T  Z  C  X  I  W  N
O  Ł  Ó  W  E  K  B  T  F  E  O  M  V  G
M  A  L  C  D  P  U  N  M  Z  Ź  D  Ł  F
P  R  A  E  T  I  S  J  Y  E  F  B  W  I
O  C  K  R  K  D  Y  Z  Y  N  H  C  A  L
Z  Y  I  A  U  Ł  D  V  T  J  G  F  T  M
Y  D  E  M  Q  U  R  N  H  A  A  Q  D  E
C  Z  R  I  B  G  K  F  Q  G  L  I  N  A
J  I  A  K  P  O  R  T  R  E  T  U  T  H
A  E  V  A  P  P  E  Z  M  W  K  M  G  Z
O  Ł  A  S  Ł  I  D  L  X  N  O  M  U  A
M  O  Q  N  P  S  A  N  Z  J  Z  S  S  G
A  R  C  H  I  T  E  K  T  U  R  A  K  F
```

ARCHITEKTURA
ARTYSTA
CERAMIKA
KREDA
GLINA
KOMPOZYCJA
SZTALUGA
FILM

ARCYDZIEŁO
DŁUGOPIS
OŁÓWEK
PORTRET
RZEŹBA
LAKIER
WOSK

88 - Plants

```
U Z D J G T N C W A L L B M
K B P Ł A T E K E J L S A E
J G C L X G Ł O D Y G A M C
J D D F W Y O M G K T B B H
H A T R A W A D C R W W U U
R K B B A Y A R A Z H I S A
F A S O L A P Z J A E N A K
T K A T A T I E M K U F Ł T
N T D A S G U W T H N Y T G
A U C N F S J O G R Ó D L G
W S D I Ł L I Ś C I K H Z A
Ó U T K Ł C O B L U S Z C Z
Z M M A U E Ź R Ó D Ł O V T
P E Y G U I X R A J J A C V
```

BAMBUS   LAS
FASOLA   OGRÓD
JAGODA   TRAWA
BOTANIKA   BLUSZCZ
KRZAK   MECH
KAKTUS   PŁATEK
NAWÓZ   ŹRÓDŁO
FLORA   ŁODYGA
KWIAT   DRZEWO
LIŚCI

89 - Countries #2

```
H  Z  D  U  L  P  A  K  I  S  T  A  N  P
H  A  I  T  I  I  L  A  O  S  V  Z  A  H
W  R  L  O  D  P  B  S  Y  R  I  A  L  W
O  J  C  A  F  I  N  A  H  E  S  R  B  T
H  V  A  E  X  O  U  O  N  L  U  O  A  N
S  Z  L  T  N  R  X  G  J  H  D  S  N  S
Q  T  N  I  G  E  R  I  A  E  A  J  I  O
M  V  E  O  B  M  N  U  M  N  N  A  A  M
W  Z  P  P  N  E  D  L  A  T  D  O  T  A
O  S  A  I  O  K  R  W  J  A  A  A  W  L
D  Q  L  A  J  S  E  I  K  O  N  D  Z  I
P  E  M  U  X  Y  Y  L  A  N  I  B  F  A
H  I  J  A  U  K  R  A  I  N  A  Q  Q  Q
G  R  E  C  J  A  J  A  P  O  N  I  A  Z
```

ALBANIA	MEKSYK
DANIA	NEPAL
ETIOPIA	NIGERIA
GRECJA	PAKISTAN
HAITI	ROSJA
JAMAJKA	SOMALIA
JAPONIA	SUDAN
LAOS	SYRIA
LIBAN	UGANDA
LIBERIA	UKRAINA

90 - Ecology

```
F  Z  R  Ó  W  N  O  W  A  Ż  O  N  Y  S
A  S  D  F  B  A  G  N  O  A  J  A  R  I
U  G  P  L  U  E  P  U  M  X  N  T  O  E
N  U  Ó  O  K  L  I  M  A  T  P  U  Ś  D
A  K  W  R  Ł  N  A  T  U  R  A  R  L  L
E  D  I  A  Y  E  Ś  P  Z  L  J  A  I  I
I  G  P  C  J  T  C  W  L  P  W  L  N  S
R  O  Ś  L  I  N  Y  Z  I  V  T  N  N  K
Z  L  S  S  V  O  M  A  N  A  L  Y  O  O
Q  Q  U  H  X  R  O  S  S  O  T  M  Ś  Y
Ł  B  C  Q  A  X  R  O  U  A  Ś  O  Ć  Q
Q  W  G  N  C  H  S  B  S  S  X  C  W  K
N  A  M  I  Z  U  K  Y  Z  Z  F  L  I  Y
Ł  K  I  K  R  J  I  G  A  T  U  N  E  K
```

KLIMAT	GÓRY
SPOŁECZNOŚCI	NATURALNY
SUSZA	NATURA
FAUNA	ROŚLINY
FLORA	ZASOBY
ŚWIATOWY	GATUNEK
SIEDLISKO	ZRÓWNOWAŻONY
MORSKI	ROŚLINNOŚĆ
BAGNO	

91 - Adjectives #2

```
A  G  Ł  O  D  N  Y  E  S  U  O  T  B  Z
U  Q  Y  R  Z  D  Ł  L  E  T  P  W  P  D
T  L  J  S  I  R  W  E  N  A  I  Ó  N  R
E  S  C  F  K  A  K  G  N  L  S  R  A  O
N  U  Ł  W  I  M  V  A  Y  E  O  C  T  W
T  C  W  O  T  A  K  N  G  N  W  Z  U  Y
Y  H  D  I  N  T  D  C  O  T  Y  Y  R  A
C  Y  D  D  G  Y  U  K  R  O  Q  D  A  S
Z  N  U  P  L  C  M  I  Ą  W  H  B  L  Ł
N  S  O  B  G  Z  N  E  C  A  M  S  N  A
Y  B  F  W  Z  N  Y  Q  Y  N  P  I  Y  W
J  D  I  H  Y  Y  K  A  K  Y  W  L  R  N
P  R  O  D  U  K  T  Y  W  N  Y  N  O  Y
I  N  T  E  R  E  S  U  J  Ą  C  Y  F  B
```

AUTENTYCZNY	GŁODNY
TWÓRCZY	INTERESUJĄCY
OPISOWY	NATURALNY
DRAMATYCZNY	NOWY
SUCHY	PRODUKTYWNY
ELEGANCKI	DUMNY
SŁAWNY	SŁONY
UTALENTOWANY	SENNY
ZDROWY	SILNY
GORĄCY	DZIKI

92 - Math

```
F  A  R  Y  T  M  E  T  Y  K  A  K  R  L
R  S  Ó  W  I  E  L  O  K  Ą  T  W  Ó  I
A  Y  W  B  S  Y  Q  I  S  E  Z  A  W  C
K  M  N  Ś  R  E  D  N  I  C  A  D  N  Z
C  E  A  P  W  D  G  M  A  B  S  R  O  B
J  T  N  R  Y  Z  E  M  V  K  T  A  L  Y
A  R  I  O  K  I  O  X  F  F  M  T  E  O
V  I  E  S  Ł  E  M  P  O  X  T  P  G  B
Z  A  J  T  A  S  E  R  I  G  R  O  Ł  J
F  F  I  O  D  I  T  O  B  W  Ó  D  O  Ę
J  K  X  K  N  Ę  R  M  Ł  H  J  Z  B  T
L  P  Ą  Ą  I  T  I  I  K  F  K  I  O  O
Ł  C  M  T  K  N  A  E  Ł  L  Ą  A  K  Ś
S  R  F  I  Y  Y  A  Ń  P  H  T  Ł  U  Ć
```

KĄTY	LICZBY
ARYTMETYKA	RÓWNOLEGŁOBOK
OBWÓD	WIELOKĄT
DZIESIĘTNY	PROMIEŃ
ŚREDNICA	PROSTOKĄT
PODZIAŁ	KWADRAT
RÓWNANIE	SYMETRIA
WYKŁADNIK	TRÓJKĄT
FRAKCJA	OBJĘTOŚĆ
GEOMETRIA	

93 - Water

```
W  N  Ł  P  B  N  R  V  W  M  R  Ó  Z  R
I  R  K  A  N  A  Ł  Ś  I  O  L  G  H  Z
L  H  U  R  A  G  A  N  L  N  F  Ó  N  E
G  G  E  O  T  W  Ł  I  G  S  A  R  D  K
O  E  E  W  C  V  P  E  O  U  L  S  K  A
Ć  J  K  A  Ł  E  Y  G  T  N  E  X  W  D
E  Z  S  N  A  W  A  D  N  I  A  N  I  E
M  E  B  I  C  J  G  N  O  T  O  P  L  S
N  R  S  E  X  V  H  B  Ś  O  G  A  G  Z
J  E  Z  I  O  R  O  Q  Ć  U  M  R  O  C
D  R  P  R  Y  S  Z  N  I  C  H  O  T  Z
U  V  C  Z  P  O  W  Ó  D  Ź  Q  W  N  S
B  F  Z  C  H  J  X  S  H  V  X  Y  Y  U
B  K  P  S  T  E  L  B  O  F  M  P  O  Q
```

KANAŁ	JEZIORO
WILGOTNY	WILGOĆ
PAROWANIE	MONSUN
POWÓDŹ	OCEAN
MRÓZ	DESZCZ
GEJZER	RZEKA
WILGOTNOŚĆ	PRYSZNIC
HURAGAN	ŚNIEG
LÓD	PAROWY
NAWADNIANIE	FALE

94 - Activities

```
P  R  Z  Y  J  E  M  N  O  Ś  Ć  U  Q  S
W  O  Y  A  W  Ę  D  K  A  R  S  T  W  O
X  Ę  L  D  Z  I  A  Ł  A  L  N  O  Ś  Ć
R  U  D  O  C  Z  Y  T  A  N  I  E  N  M
P  J  O  R  W  R  Z  E  M  I  O  S  Ł  A
B  P  T  Y  Ó  A  T  M  A  R  K  Y  Z  G
E  H  Q  H  M  W  N  F  I  W  S  Z  U  I
F  M  K  R  R  O  K  I  S  Z  T  U  K  A
Q  W  S  S  Z  Y  C  I  E  P  A  S  E  Y
W  Y  P  O  C  Z  Y  N  E  K  N  J  M  G
D  Z  F  O  T  O  G  R  A  F  I  A  P  G
G  C  E  R  A  M  I  K  A  J  E  H  I  Q
B  R  E  L  A  K  S  Z  J  N  C  Q  N  L
A  Ł  Y  X  Z  A  G  A  D  K  I  Ł  G  H
```

DZIAŁALNOŚĆ   POLOWANIE
SZTUKA   WYPOCZYNEK
KEMPING   MAGIA
CERAMIKA   FOTOGRAFIA
RZEMIOSŁA   PRZYJEMNOŚĆ
TANIEC   ZAGADKI
WĘDKARSTWO   CZYTANIE
GRY   RELAKS
WĘDRÓWKI   SZYCIE

95 - Literature

```
B  Ł  C  P  O  R  Ó  W  N  A  N  I  E  P
Q  K  Y  B  G  M  X  E  L  Y  A  U  U  O
W  I  E  R  S  Z  W  P  R  D  N  U  O  E
N  N  G  K  S  H  V  K  Z  T  E  M  A  T
U  A  I  I  R  G  D  V  S  B  G  F  D  Y
R  N  R  O  P  I  S  S  I  I  D  K  I  C
Y  A  Y  R  S  M  E  T  A  F  O  R  A  K
T  L  M  F  A  E  L  Y  W  W  T  I  L  I
M  I  J  F  V  T  K  L  U  W  A  I  O  Z
M  Z  B  Z  N  P  O  W  I  E  Ś  Ć  G  F
Q  A  A  K  E  Y  B  R  O  P  Q  L  Y  L
A  U  T  O  R  A  N  A  L  O  G  I  A  Z
B  I  O  G  R  A  F  I  A  F  K  P  Y  Q
T  R  A  G  E  D  I  A  F  I  K  C  J  A
```

ANALOGIA	METAFORA
ANALIZA	NARRATOR
ANEGDOTA	POWIEŚĆ
AUTOR	WIERSZ
BIOGRAFIA	POETYCKI
PORÓWNANIE	RYM
WNIOSEK	RYTM
OPIS	STYL
DIALOG	TEMAT
FIKCJA	TRAGEDIA

96 - Geography

```
K  K  O  B  T  Z  A  C  H  Ó  D  G  P  P
R  O  C  K  E  F  E  T  Ł  B  X  F  O  O
A  N  E  G  R  J  J  G  L  U  Q  Z  Ł  D
J  T  A  W  Y  S  P  A  W  A  E  W  U  N
K  Y  N  F  T  H  Q  Q  N  Z  S  Y  D  I
Y  N  O  P  O  Ł  U  D  N  I  K  S  N  E
M  E  O  Ó  R  Ś  Y  X  U  R  N  O  I  S
P  N  U  Ł  I  W  M  O  R  Z  E  K  E  I
Ł  T  B  N  U  I  A  I  Ł  X  M  O  R  E
J  E  S  O  M  A  P  S  A  X  Q  Ś  Z  N
Q  Z  R  C  W  T  A  V  D  S  W  Ć  E  I
P  Ó  Ł  K  U  L  A  G  H  S  T  Z  K  E
R  E  G  I  O  N  G  Ó  R  A  U  O  A  Y
Q  E  W  A  R  A  E  N  E  A  Q  X  L  E
```

WYSOKOŚĆ	GÓRA
ATLAS	PÓŁNOC
MIASTO	OCEAN
KONTYNENT	REGION
KRAJ	RZEKA
PODNIESIENIE	MORZE
PÓŁKULA	POŁUDNIE
WYSPA	TERYTORIUM
MAPA	ZACHÓD
POŁUDNIK	ŚWIAT

97 - Pets

```
K  J  N  O  F  A  R  M  B  Y  R  N  L  M
R  K  R  O  W  A  Ż  Y  W  N  O  Ś  Ć  S
Ó  K  O  J  A  S  Z  C  Z  U  R  K  A  C
L  O  G  Z  P  Z  W  R  Y  B  A  S  O  H
I  T  O  V  A  C  O  H  Y  K  J  V  Y  O
K  E  N  I  Z  Z  D  Ł  X  O  K  J  W  M
R  K  I  N  U  E  A  O  R  Ł  E  D  J  I
P  K  O  T  R  N  E  L  M  N  B  B  L  K
I  A  W  L  Y  I  G  V  Y  I  K  N  Ł  O
E  L  P  Ż  S  A  L  A  L  E  Ł  I  Q  F
S  Y  U  U  Ó  K  L  S  M  R  O  X  W  Z
S  B  Q  H  G  Ł  A  P  Y  Z  P  V  Ł  U
D  J  Y  X  T  A  W  R  S  M  Y  C  Z  M
M  F  D  B  K  L  H  Y  Z  N  O  S  D  X
```

KOT	SMYCZ
PAZURY	JASZCZURKA
KOŁNIERZ	MYSZ
KROWA	PAPUGA
PIES	ŁAPY
RYBA	SZCZENIAK
ŻYWNOŚĆ	KRÓLIK
KOZA	OGON
CHOMIK	ŻÓŁW
KOTEK	WODA

98 - Nature

```
C Z B R Z E K A A D S B S T
L H Ł T C P L L R Y P C A R
I W M I F P I Ę K N O U N O
Ś Y I U U Ł F U T A K Z K P
C X V X R Ł Y L Y M O W T I
I C Z V T Y X A C I J I U K
I S T O T N E S Z C N E A A
P U S T Y N I A N Z A R R L
M D Z I K I G W Y N E Z I N
X G V X Y K R D G Y R Ą U Y
I O Ł J P X Y D C P O T M F
O Q P A X Y P S Z C Z O Ł Y
S P O K O J N Y Y C J W J N
L O D O W I E C Y Ł A V S X
```

ZWIERZĄT	LIŚCI
ARKTYCZNY	LAS
PIĘKNO	LODOWIEC
PSZCZOŁY	SPOKOJNA
KLIFY	RZEKA
CHMURY	SANKTUARIUM
PUSTYNIA	SPOKOJNY
DYNAMICZNY	TROPIKALNY
EROZJA	ISTOTNE
MGŁA	DZIKI

99 - Championship

```
M T W S T R A T E G I A M L
I I U Y Q S P O R T Y O O I
S I S R D B O R X G B R T G
T E K T N A T W Y L J S Y A
R Ł C R R I J Ł Ł C I Ę W K
Z M R E L Z E N Y I X D A F
O O X N Q P Ł J O Q G Z C I
S X Z E S P Ó Ł T Ś V I J N
T O I R K J D W T D Ć A A A
W Y T R Z Y M A Ł O Ś Ć G L
O D D Y C H A Ć X R D T R I
Z W Y C I Ę S T W O W P Y S
B J M E D A L M T J R C F T
F R G T P Q C U B X S C Q A
```

MISTRZ	MOTYWACJA
MISTRZOSTWO	WYDAJNOŚĆ
TRENER	POT
WYTRZYMAŁOŚĆ	SPORTY
FINALISTA	STRATEGIA
GRY	ZESPÓŁ
SĘDZIA	ODDYCHAĆ
LIGA	TURNIEJ
MEDAL	ZWYCIĘSTWO

100 - Vacation #2

```
R E S T A U R A C J A R D J
V P K L F L O T D D M I M W
B W H W H O T E L M A P A Y
N A M I O T A X I B Q V P P
B Z V Z O N W A K A C J E O
A D H A K I N J Z M T P B C
B Ł W V E S V X F X R O P Z
J P Z W M K B Ł M Ł A C A Y
G Ó R Y P O D R Ó Ż N I S N
K A H S I P R J K U S Ą Z E
I K F P N V L Z A L P G P K
Ł Z D A G B X A E T O W O M
N I W F H I Z S Ż O R V R O
I B F C A I Ł Z X A T W T J
```

LOTNISKO	GÓRY
PLAŻA	PASZPORT
KEMPING	RESTAURACJA
WAKACJE	MORZE
HOTEL	TAXI
WYSPA	NAMIOT
PODRÓŻ	POCIĄG
WYPOCZYNEK	TRANSPORT
MAPA	WIZA

1 - Food #1

2 - Castles

3 - Measurements

4 - Farm #2

5 - Books

6 - Meditation

7 - Days and Months

8 - Chess

9 - Food #2

10 - Family

11 - Farm #1

12 - Camping

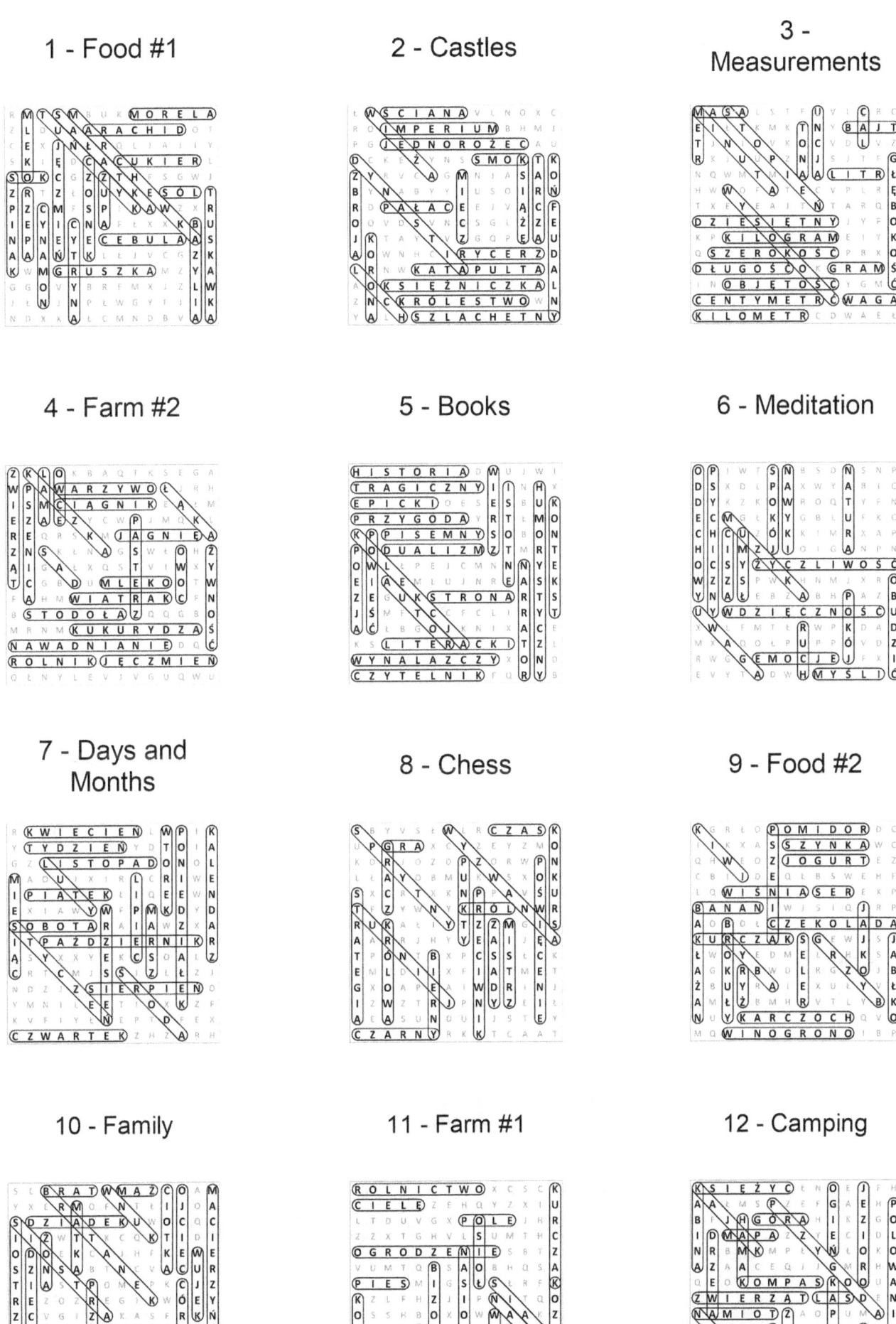

13 - Conservation

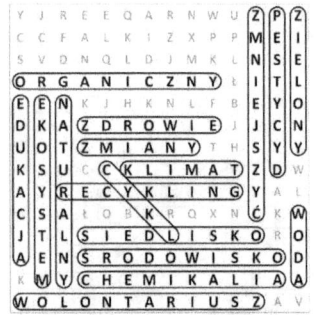

14 - Cats

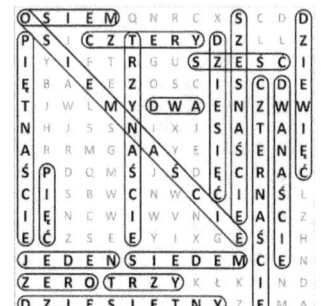

15 - Numbers

16 - Spices

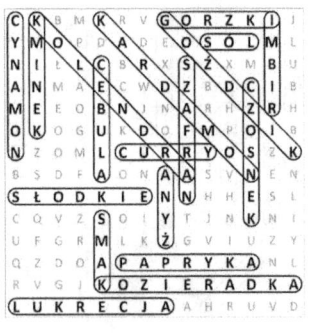

17 - Mammals

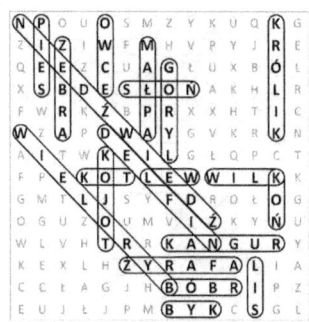

18 - Fishing

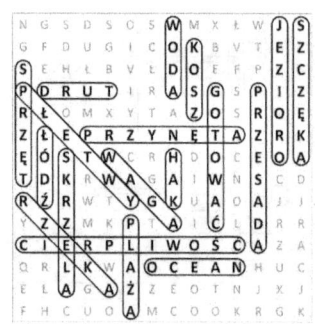

19 - Restaurant #1

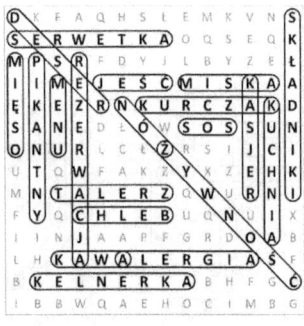

20 - Bees

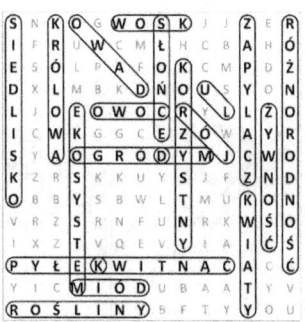

21 - Sports

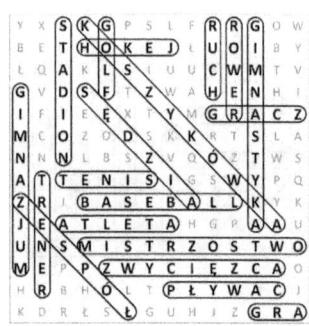

22 - Weather

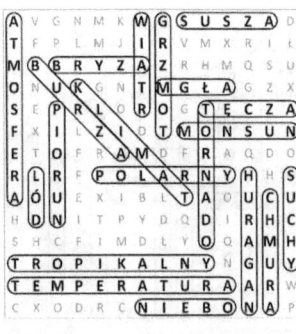

23 - Adventure

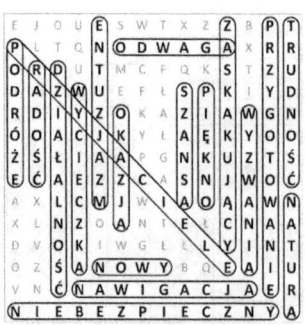

24 - Circus

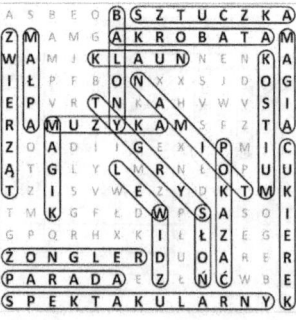

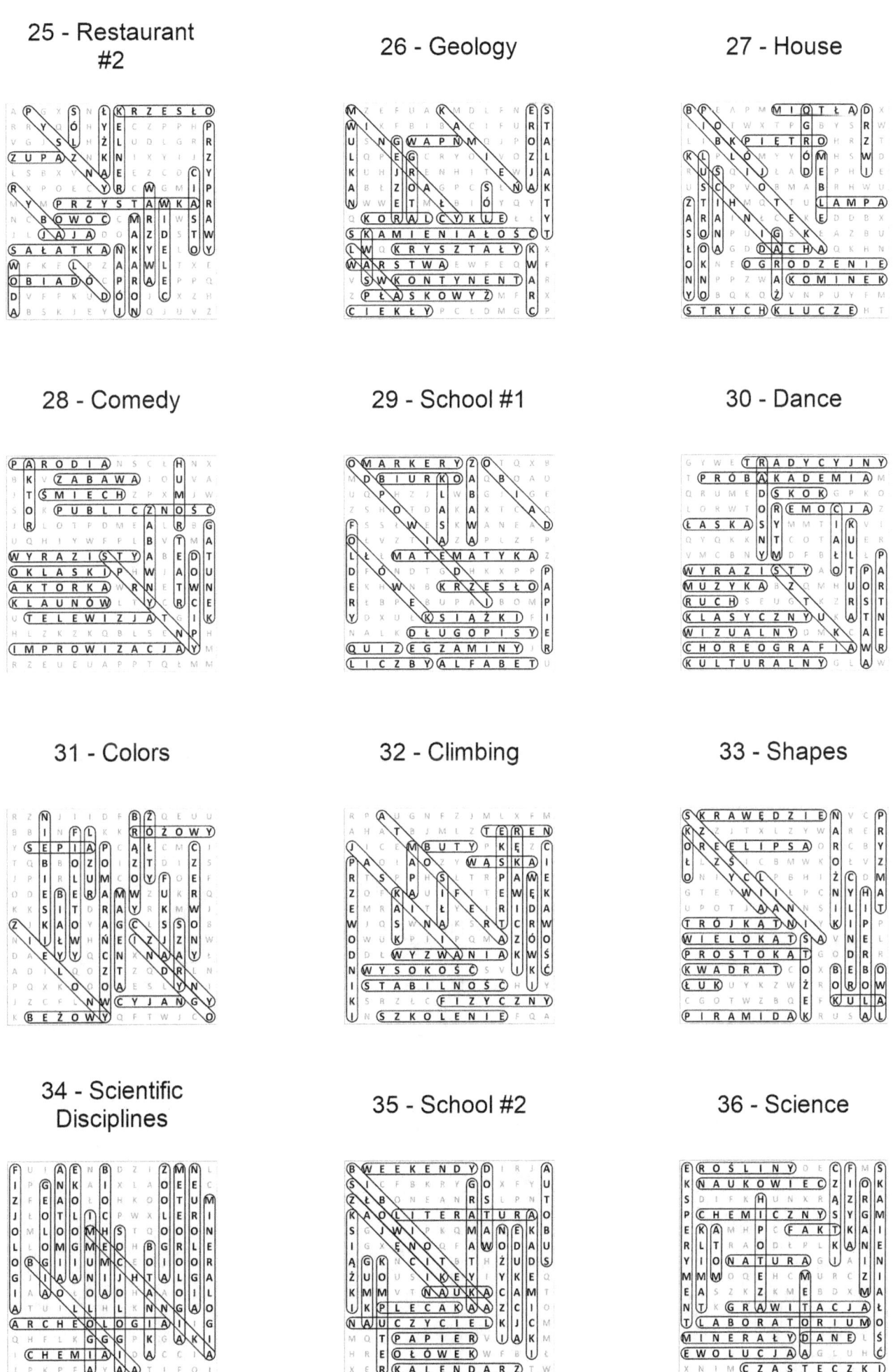

25 - Restaurant #2

26 - Geology

27 - House

28 - Comedy

29 - School #1

30 - Dance

31 - Colors

32 - Climbing

33 - Shapes

34 - Scientific Disciplines

35 - School #2

36 - Science

37 - To Fill

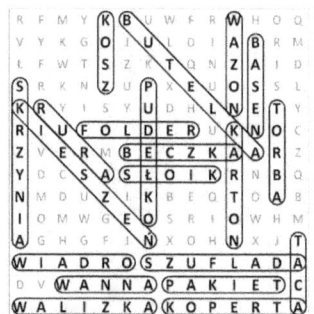

38 - Summer

39 - Clothes

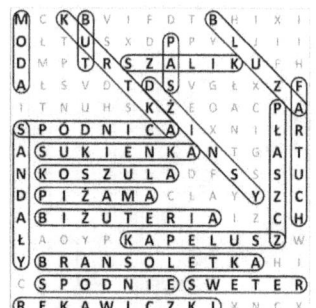

40 - Insects

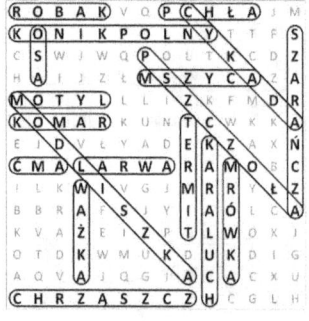

41 - Astronomy

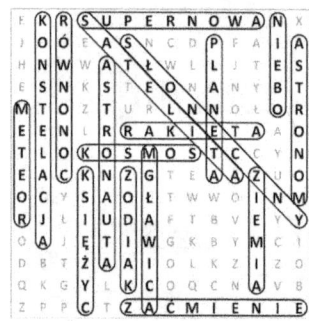

42 - Pirates

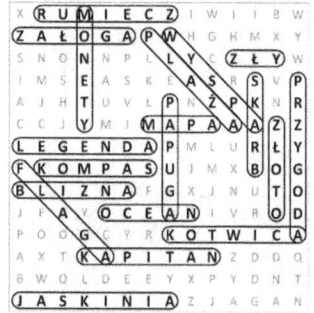

43 - Time

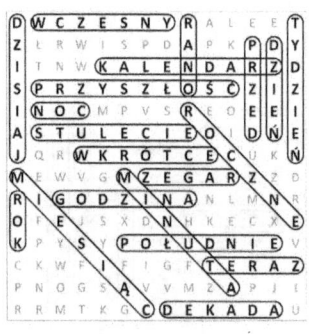

44 - Buildings

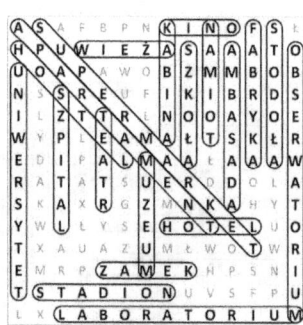

45 - Herbalism

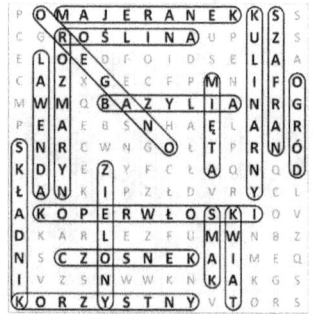

46 - Toys

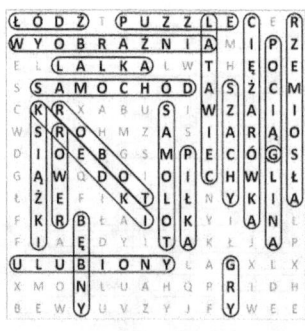

47 - Vehicles

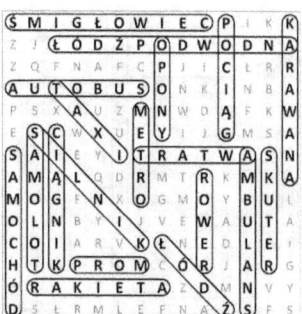

48 - Flowers

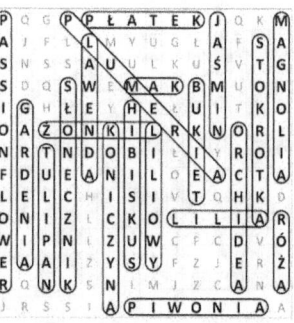

49 - Town

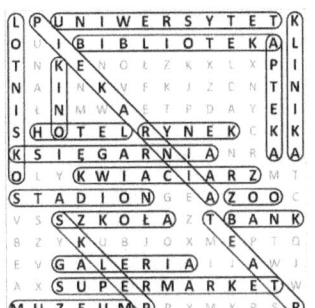

50 - Antarctica

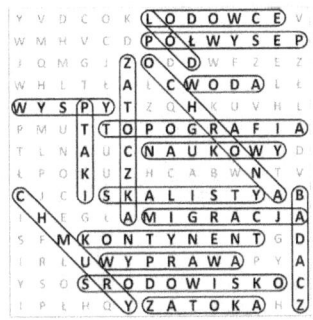

51 - Ballet

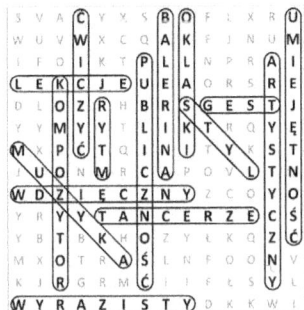

52 - Human Body

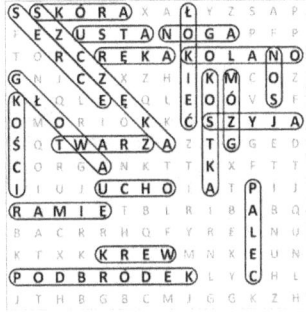

53 - Musical Instruments

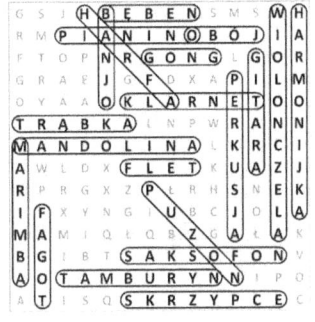

54 - Cooking Tools

55 - Fruit

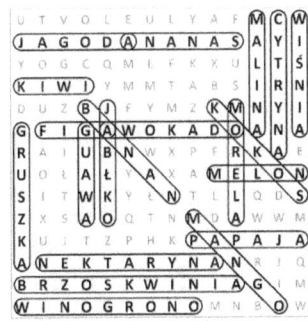

56 - Virtues #1

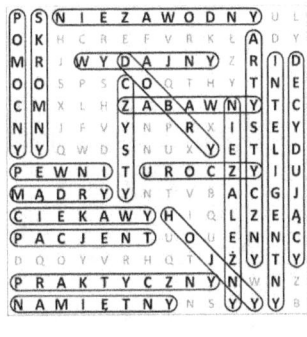

57 - Kitchen

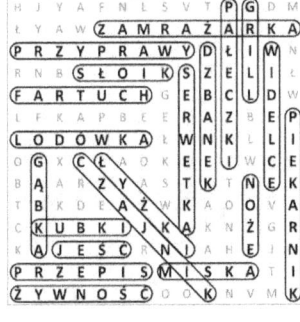

58 - Art Supplies

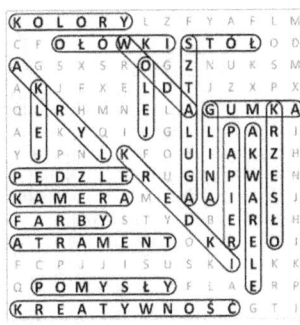

59 - Science Fiction

60 - Airplanes

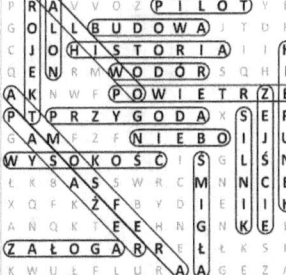

61 - Ocean

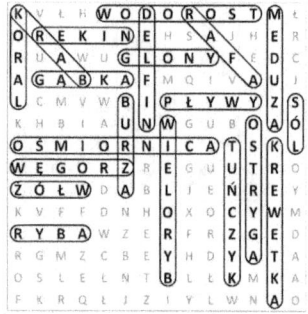

62 - Birds

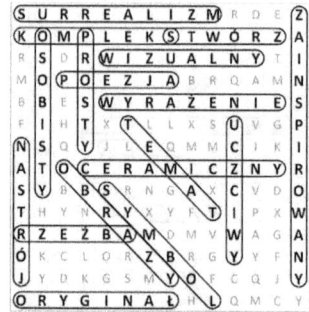

63 - Art

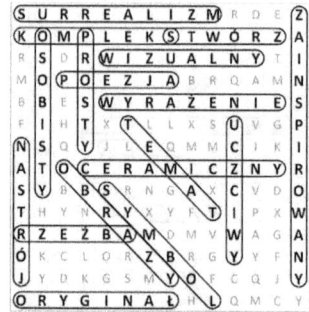

64 - Nutrition

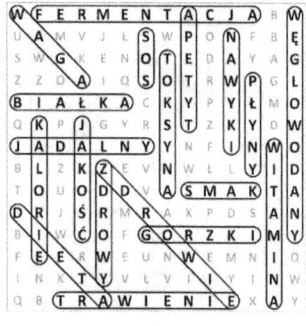

65 - Hiking

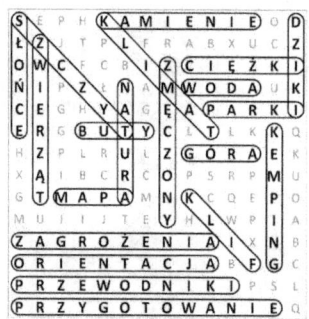

66 - Professions #1

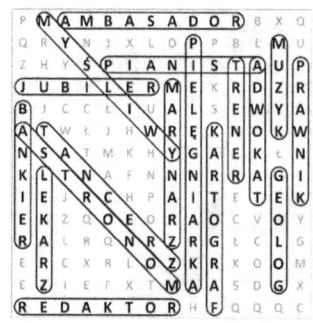

67 - Dinosaurs

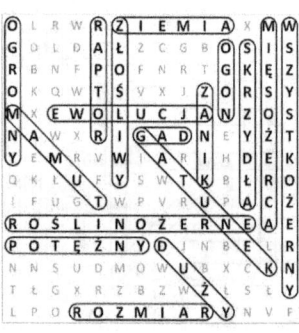

68 - Barbecues

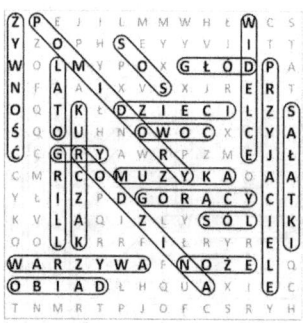

69 - Surfing

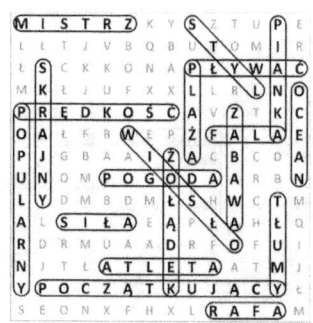

70 - Chocolate

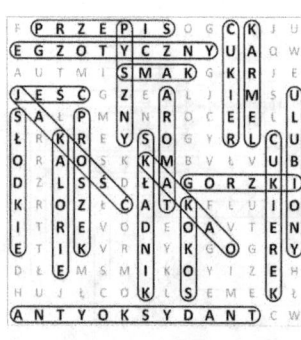

71 - Vegetables

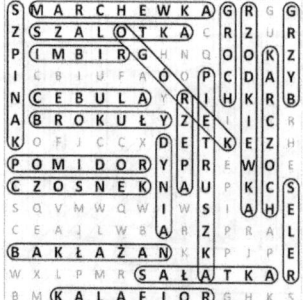

72 - Boats

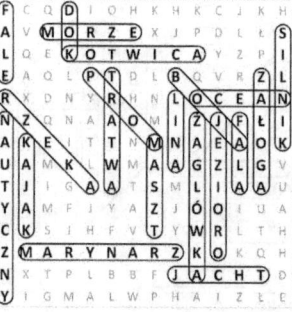

73 - Activities and Leisure

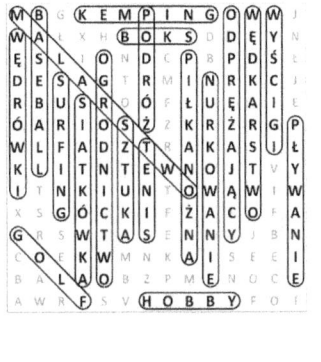

74 - Driving

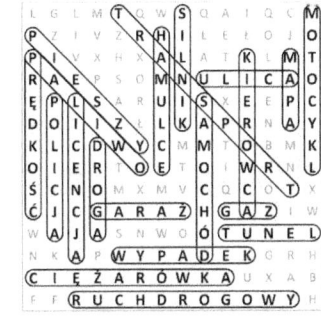

75 - Professions #2

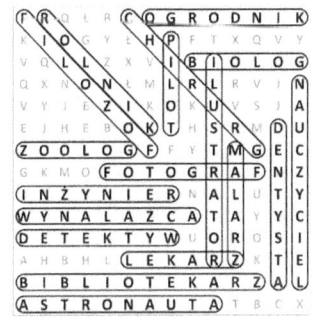

76 - Emotions

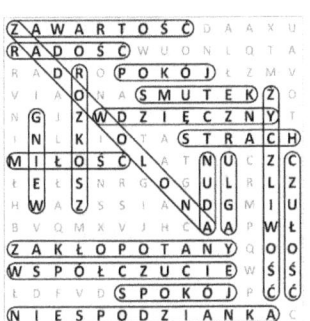

77 - Mythology

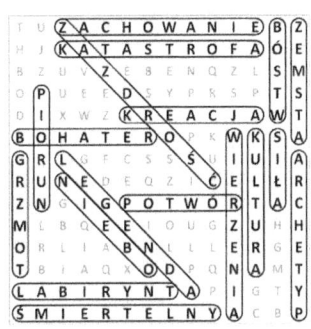

78 - Hair Types

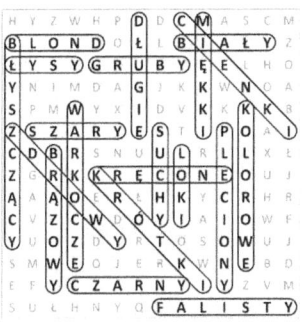

79 - Furniture

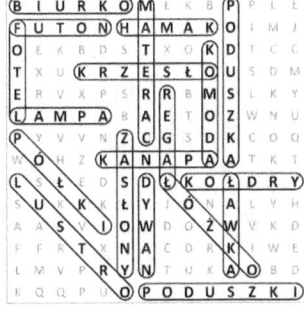

80 - Garden

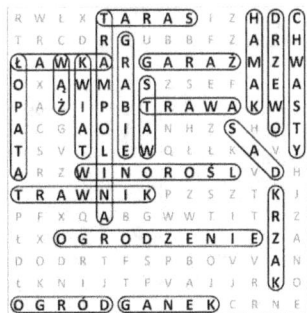

81 - Birthday

82 - Beach

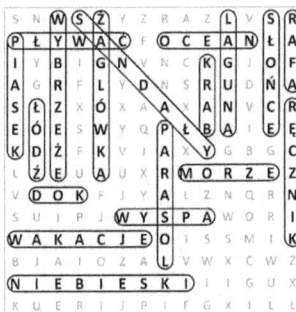

83 - Adjectives #1

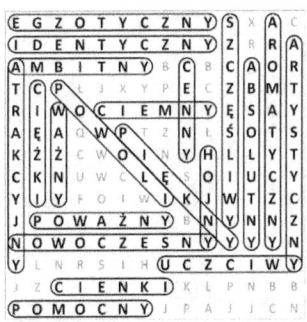

84 - Rainforest

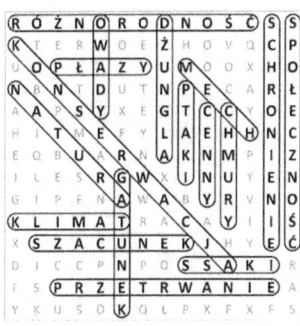

85 - Technology

86 - Landscapes

87 - Visual Arts

88 - Plants

89 - Countries #2

90 - Ecology

91 - Adjectives #2

92 - Math

93 - Water

94 - Activities

95 - Literature

96 - Geography

97 - Pets

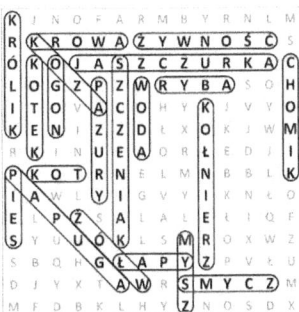

98 - Nature

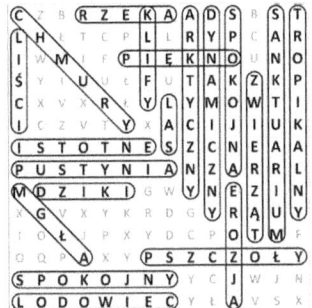

99 - Championship

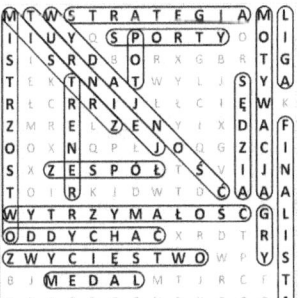

100 - Vacation #2

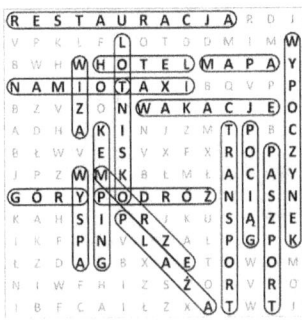

Dictionary

Activities
Działalność

Activity	Działalność
Art	Sztuka
Camping	Kemping
Ceramics	Ceramika
Crafts	Rzemiosła
Dancing	Taniec
Fishing	Wędkarstwo
Games	Gry
Gardening	Ogrodnictwo
Hiking	Wędrówki
Hunting	Polowanie
Leisure	Wypoczynek
Magic	Magia
Photography	Fotografia
Pleasure	Przyjemność
Puzzles	Zagadki
Reading	Czytanie
Relaxation	Relaks
Sewing	Szycie
Skill	Umiejętność

Activities and Leisure
Aktywność i Wypoczynek

Art	Sztuka
Baseball	Baseball
Basketball	Koszykówka
Boxing	Boks
Camping	Kemping
Diving	Nurkowanie
Fishing	Wędkarstwo
Gardening	Ogrodnictwo
Golf	Golf
Hiking	Wędrówki
Hobbies	Hobby
Painting	Malarstwo
Racing	Wyścigi
Relaxing	Odprężający
Soccer	Piłka Nożna
Surfing	Surfing
Swimming	Pływanie
Tennis	Tenis
Travel	Podróż
Volleyball	Siatkówka

Adjectives #1
Przymiotniki # 1

Absolute	Absolutny
Ambitious	Ambitny
Aromatic	Aromatyczny
Artistic	Artystyczny
Attractive	Atrakcyjny
Beautiful	Piękny
Dark	Ciemny
Exotic	Egzotyczny
Generous	Hojny
Happy	Szczęśliwy
Heavy	Ciężki
Helpful	Pomocny
Honest	Uczciwy
Identical	Identyczny
Important	Ważny
Modern	Nowoczesny
Serious	Poważny
Slow	Powoli
Thin	Cienki
Valuable	Cenny

Adjectives #2
Przymiotniki # 2

Authentic	Autentyczny
Creative	Twórczy
Descriptive	Opisowy
Dramatic	Dramatyczny
Dry	Suchy
Elegant	Elegancki
Famous	Sławny
Gifted	Utalentowany
Healthy	Zdrowy
Hot	Gorący
Hungry	Głodny
Interesting	Interesujący
Natural	Naturalny
New	Nowy
Productive	Produktywny
Proud	Dumny
Salty	Słony
Sleepy	Senny
Strong	Silny
Wild	Dziki

Adventure
Przygoda

Activity	Działalność
Beauty	Piękno
Bravery	Odwaga
Challenges	Wyzwania
Chance	Szansa
Dangerous	Niebezpieczny
Difficulty	Trudność
Enthusiasm	Entuzjazm
Excursion	Wycieczka
Friends	Przyjaciele
Joy	Radość
Nature	Natura
Navigation	Nawigacja
New	Nowy
Opportunity	Okazja
Preparation	Przygotowanie
Surprising	Zaskakujący
Travels	Podróże
Unusual	Niezwykły

Airplanes
Samoloty

Adventure	Przygoda
Air	Powietrze
Atmosphere	Atmosfera
Balloon	Balon
Construction	Budowa
Crew	Załoga
Descent	Zejście
Design	Projekt
Direction	Kierunek
Engine	Silnik
Fuel	Paliwo
Height	Wysokość
History	Historia
Hydrogen	Wodór
Landing	Lądowanie
Passenger	Pasażer
Pilot	Pilot
Propellers	Śmigła
Sky	Niebo
Turbulence	Turbulencja

Antarctica
Antarktyda

Bay	Zatoka
Birds	Ptaki
Clouds	Chmury
Conservation	Ochrona
Continent	Kontynent
Cove	Zatoczka
Environment	Środowisko
Expedition	Wyprawa
Geography	Geografia
Glaciers	Lodowce
Ice	Lód
Islands	Wyspy
Migration	Migracja
Peninsula	Półwysep
Researcher	Badacz
Rocky	Skalisty
Scientific	Naukowy
Temperature	Temperatura
Topography	Topografia
Water	Woda

Art
Sztuka

Ceramic	Ceramiczny
Complex	Kompleks
Composition	Kompozycja
Create	Stwórz
Expression	Wyrażenie
Honest	Uczciwy
Inspired	Zainspirowany
Mood	Nastrój
Original	Oryginał
Paintings	Obrazy
Personal	Osobisty
Poetry	Poezja
Portray	Przedstawiać
Sculpture	Rzeźba
Simple	Prosty
Subject	Temat
Surrealism	Surrealizm
Symbol	Symbol
Visual	Wizualny

Art Supplies
Materiały Artystyczne

Acrylic	Akryl
Brushes	Pędzle
Camera	Kamera
Chair	Krzesło
Clay	Glina
Colors	Kolory
Crayons	Kredki
Creativity	Kreatywność
Easel	Sztaluga
Eraser	Gumka
Glue	Klej
Ideas	Pomysły
Ink	Atrament
Oil	Olej
Paints	Farby
Paper	Papier
Pencils	Ołówki
Table	Stół
Water	Woda
Watercolors	Akwarele

Astronomy
Astronomia

Asteroid	Asteroida
Astronaut	Astronauta
Astronomer	Astronom
Constellation	Konstelacja
Cosmos	Kosmos
Earth	Ziemia
Eclipse	Zaćmienie
Equinox	Równonoc
Galaxy	Galaktyka
Meteor	Meteor
Moon	Księżyc
Nebula	Mgławica
Observatory	Obserwatorium
Planet	Planeta
Rocket	Rakieta
Satellite	Satelita
Sky	Niebo
Solar	Słoneczny
Supernova	Supernowa
Zodiac	Zodiak

Ballet
Balet

Applause	Oklaski
Artistic	Artystyczny
Audience	Publiczność
Ballerina	Balerina
Choreography	Choreografia
Composer	Kompozytor
Dancers	Tancerze
Expressive	Wyrazisty
Gesture	Gest
Graceful	Wdzięczny
Intensity	Intensywność
Lessons	Lekcje
Muscles	Mięśnie
Music	Muzyka
Orchestra	Orkiestra
Practice	Ćwiczyć
Rhythm	Rytm
Skill	Umiejętność
Style	Styl
Technique	Technika

Barbecues
Grillowanie

Chicken	Kurczak
Children	Dzieci
Dinner	Obiad
Family	Rodzina
Food	Żywność
Forks	Widelce
Friends	Przyjaciele
Fruit	Owoc
Games	Gry
Grill	Grill
Hot	Gorący
Hunger	Głód
Knives	Noże
Music	Muzyka
Salads	Sałatki
Salt	Sól
Sauce	Sos
Summer	Lato
Tomatoes	Pomidory
Vegetables	Warzywa

Beach
Plaża

Blue	Niebieski
Boat	Łódź
Coast	Wybrzeże
Crab	Krab
Dock	Dok
Island	Wyspa
Lagoon	Laguna
Ocean	Ocean
Reef	Rafa
Sailboat	Żaglówka
Sand	Piasek
Sandals	Sandały
Sea	Morze
Sun	Słońce
To Swim	Pływać
Towel	Ręcznik
Umbrella	Parasol
Vacation	Wakacje

Bees
Pszczoły

Beneficial	Korzystny
Blossom	Kwitnąć
Diversity	Różnorodność
Ecosystem	Ekosystem
Flowers	Kwiaty
Food	Żywność
Fruit	Owoc
Garden	Ogród
Habitat	Siedlisko
Hive	Ul
Honey	Miód
Insect	Owad
Plants	Rośliny
Pollen	Pyłek
Pollinator	Zapylacz
Queen	Królowa
Smoke	Dym
Sun	Słońce
Swarm	Rój
Wax	Wosk

Birds
Ptaki

Canary	Kanarek
Chicken	Kurczak
Crow	Wrona
Cuckoo	Kukułka
Duck	Kaczka
Eagle	Orzeł
Egg	Jajko
Flamingo	Flaming
Goose	Gęś
Gull	Mewa
Heron	Czapla
Ostrich	Struś
Parrot	Papuga
Peacock	Paw
Pelican	Pelikan
Penguin	Pingwin
Sparrow	Wróbel
Stork	Bocian
Swan	Łabędź
Toucan	Tukan

Birthday
Urodziny

Born	Urodzony
Cake	Ciasto
Calendar	Kalendarz
Candles	Świece
Cards	Karty
Celebration	Uroczystość
Day	Dzień
Friends	Przyjaciele
Fun	Zabawa
Gift	Prezent
Happy	Szczęśliwy
Invitations	Zaproszenia
Joyful	Radosny
Song	Piosenka
Special	Specjalny
Time	Czas
To Sing	Śpiewać
Wisdom	Mądrość
Year	Rok
Young	Młody

Boats
Łodzie

Anchor	Kotwica
Buoy	Boja
Crew	Załoga
Dock	Dok
Engine	Silnik
Ferry	Prom
Kayak	Kajak
Lake	Jezioro
Mast	Maszt
Nautical	Nautyczny
Ocean	Ocean
Raft	Tratwa
River	Rzeka
Rope	Lina
Sailboat	Żaglówka
Sailor	Marynarz
Sea	Morze
Tide	Fala
Waves	Fale
Yacht	Jacht

Books
Książki

Adventure	Przygoda
Author	Autor
Collection	Kolekcja
Context	Kontekst
Duality	Dualizm
Epic	Epicki
Historical	Historyczny
Humorous	Humorystyczny
Inventive	Wynalazczy
Literary	Literacki
Narrator	Narrator
Novel	Powieść
Page	Strona
Poem	Wiersz
Poetry	Poezja
Reader	Czytelnik
Relevant	Istotne
Story	Historia
Tragic	Tragiczny
Written	Pisemny

Buildings
Budynek

Apartment	Apartament
Barn	Stodoła
Cabin	Kabina
Castle	Zamek
Cinema	Kino
Embassy	Ambasada
Factory	Fabryka
Hospital	Szpital
Hostel	Hostel
Hotel	Hotel
Laboratory	Laboratorium
Museum	Muzeum
Observatory	Obserwatorium
School	Szkoła
Stadium	Stadion
Supermarket	Supermarket
Tent	Namiot
Theater	Teatr
Tower	Wieża
University	Uniwersytet

Camping
Kemping

Adventure	Przygoda
Animals	Zwierząt
Cabin	Kabina
Canoe	Kajak
Compass	Kompas
Fire	Ogień
Forest	Las
Fun	Zabawa
Hammock	Hamak
Hat	Kapelusz
Hunting	Polowanie
Insect	Owad
Lake	Jezioro
Map	Mapa
Moon	Księżyc
Mountain	Góra
Nature	Natura
Rope	Lina
Tent	Namiot
Trees	Drzewa

Castles
Zamki

Armor	Zbroja
Catapult	Katapulta
Crown	Korona
Dragon	Smok
Dungeon	Loch
Dynasty	Dynastia
Empire	Imperium
Feudal	Feudalny
Horse	Koń
Kingdom	Królestwo
Knight	Rycerz
Noble	Szlachetny
Palace	Pałac
Prince	Książę
Princess	Księżniczka
Shield	Tarcza
Sword	Miecz
Tower	Wieża
Unicorn	Jednorożec
Wall	Ściana

Cats
Koty

Affectionate	Czuły
Claw	Pazur
Crazy	Szalony
Curious	Ciekawy
Fast	Szybki
Funny	Zabawny
Fur	Futro
Hunter	Myśliwy
Independent	Niezależny
Little	Mały
Mouse	Mysz
Paw	Łapa
Personality	Osobowość
Playful	Figlarny
Shy	Nieśmiały
Sleep	Sen
Tail	Ogon
Wild	Dziki
Yarn	Przędza

Championship
Mistrzostwo

Champion	Mistrz
Championship	Mistrzostwo
Coach	Trener
Endurance	Wytrzymałość
Finalist	Finalista
Games	Gry
Judge	Sędzia
League	Liga
Medal	Medal
Motivation	Motywacja
Performance	Wydajność
Perspiration	Pot
Sports	Sporty
Strategy	Strategia
Team	Zespół
To Breathe	Oddychać
Tournament	Turniej
Victory	Zwycięstwo

Chess
Szachy

Black	Czarny
Challenges	Wyzwania
Champion	Mistrz
Clever	Sprytny
Contest	Konkurs
Diagonal	Przekątna
Game	Gra
King	Król
Opponent	Przeciwnik
Passive	Bierny
Player	Gracz
Points	Punkty
Queen	Królowa
Rules	Zasady
Sacrifice	Poświęcenie
Strategy	Strategia
Time	Czas
Tournament	Turniej
White	Biały

Chocolate
Czekolada

Antioxidant	Antyoksydant
Aroma	Aromat
Bitter	Gorzki
Cacao	Kakao
Calories	Kalorie
Candy	Cukierek
Caramel	Karmel
Coconut	Kokos
Delicious	Pyszny
Exotic	Egzotyczny
Favorite	Ulubiony
Ingredient	Składnik
Powder	Proszek
Quality	Jakość
Recipe	Przepis
Sugar	Cukier
Sweet	Słodkie
Taste	Smak
To Eat	Jeść

Circus
Cyrk

Acrobat	Akrobata
Animals	Zwierząt
Balloons	Balony
Candy	Cukierek
Clown	Klaun
Costume	Kostium
Elephant	Słoń
Juggler	Żongler
Lion	Lew
Magic	Magia
Magician	Magik
Monkey	Małpa
Music	Muzyka
Parade	Parada
Show	Pokazać
Spectacular	Spektakularny
Spectator	Widz
Tent	Namiot
Tiger	Tygrys
Trick	Sztuczka

Climbing
Wspinaczka

Altitude	Wysokość
Atmosphere	Atmosfera
Boots	Buty
Cave	Jaskinia
Challenges	Wyzwania
Curiosity	Ciekawość
Expert	Ekspert
Gloves	Rękawiczki
Guides	Przewodniki
Helmet	Kask
Hiking	Wędrówki
Map	Mapa
Narrow	Wąska
Physical	Fizyczny
Stability	Stabilność
Strength	Siła
Terrain	Teren
Training	Szkolenie

Clothes
Ubrania

Apron	Fartuch
Belt	Pas
Blouse	Bluza
Bracelet	Bransoletka
Coat	Płaszcz
Dress	Sukienka
Fashion	Moda
Gloves	Rękawiczki
Hat	Kapelusz
Jacket	Kurtka
Jeans	Dżinsy
Jewelry	Biżuteria
Pajamas	Piżama
Pants	Spodnie
Sandals	Sandały
Scarf	Szalik
Shirt	Koszula
Shoe	But
Skirt	Spódnica
Sweater	Sweter

Colors
Zabarwienie

Azure	Lazur
Beige	Beżowy
Black	Czarny
Blue	Niebieski
Brown	Brązowy
Cyan	Cyjan
Fuchsia	Fuksja
Green	Zielony
Grey	Szary
Indigo	Indygo
Magenta	Magenta
Orange	Pomarańczowy
Pink	Różowy
Purple	Fioletowy
Red	Czerwony
Sepia	Sepia
White	Biały
Yellow	Żółty

Comedy
Komedia

Actor	Aktor
Actress	Aktorka
Applause	Oklaski
Audience	Publiczność
Clever	Sprytny
Clowns	Klaunów
Expressive	Wyrazisty
Fun	Zabawa
Funny	Zabawny
Genre	Gatunek
Humor	Humor
Improvisation	Improwizacja
Jokes	Dowcipy
Laughter	Śmiech
Parody	Parodia
Television	Telewizja
Theater	Teatr

Conservation
Ochrona Przyrody

Changes	Zmiany
Chemicals	Chemikalia
Climate	Klimat
Cycle	Cykl
Ecosystem	Ekosystem
Education	Edukacja
Environmental	Środowisko
Green	Zielony
Habitat	Siedlisko
Health	Zdrowie
Natural	Naturalny
Organic	Organiczny
Pesticide	Pestycyd
Recycle	Recykling
Reduce	Zmniejszyć
Sustainable	Zrównoważony
Volunteer	Wolontariusz
Water	Woda

Cooking Tools
Narzędzia do Gotowania

Blender	Mikser
Colander	Durszlak
Cutlery	Sztućce
Fork	Widelec
Grater	Tarka
Juicer	Sokowirówka
Kettle	Czajnik
Knife	Nóż
Lid	Wieko
Oven	Piekarnik
Refrigerator	Lodówka
Scissors	Nożyczki
Spatula	Łopatka
Spoon	Łyżka
Stove	Piec
Strainer	Sitko
Thermometer	Termometr
Toaster	Toster

Countries #2
Kraje # 2

Albania	Albania
Denmark	Dania
Ethiopia	Etiopia
Greece	Grecja
Haiti	Haiti
Jamaica	Jamajka
Japan	Japonia
Laos	Laos
Lebanon	Liban
Liberia	Liberia
Mexico	Meksyk
Nepal	Nepal
Nigeria	Nigeria
Pakistan	Pakistan
Russia	Rosja
Somalia	Somalia
Sudan	Sudan
Syria	Syria
Uganda	Uganda
Ukraine	Ukraina

Dance
Taniec

Academy	Akademia
Art	Sztuka
Body	Ciało
Choreography	Choreografia
Classical	Klasyczny
Cultural	Kulturalny
Culture	Kultura
Emotion	Emocja
Expressive	Wyrazisty
Grace	Łaska
Joyful	Radosny
Jump	Skok
Movement	Ruch
Music	Muzyka
Partner	Partner
Posture	Postawa
Rehearsal	Próba
Rhythm	Rytm
Traditional	Tradycyjny
Visual	Wizualny

Days and Months
Dni i Miesiące

April	Kwiecień
August	Sierpień
Calendar	Kalendarz
February	Luty
Friday	Piątek
January	Styczeń
July	Lipiec
March	Marsz
Monday	Poniedziałek
Month	Miesiąc
November	Listopad
October	Październik
Saturday	Sobota
September	Wrzesień
Sunday	Niedziela
Thursday	Czwartek
Tuesday	Wtorek
Wednesday	Środa
Week	Tydzień
Year	Rok

Dinosaurs
Dinozaury

Carnivore	Mięsożerca
Disappearance	Zanik
Earth	Ziemia
Enormous	Ogromny
Evolution	Ewolucja
Herbivore	Roślinożerne
Large	Duży
Mammoth	Mamut
Omnivore	Wszystkożerny
Powerful	Potężny
Raptor	Raptor
Reptile	Gad
Size	Rozmiar
Species	Gatunek
Tail	Ogon
Vicious	Złośliwy
Wings	Skrzydła

Driving
Prowadzenie Pojazdów

Accident	Wypadek
Brakes	Hamulce
Car	Samochód
Driver	Kierowca
Fuel	Paliwo
Garage	Garaż
Gas	Gaz
License	Licencja
Map	Mapa
Motor	Silnik
Motorcycle	Motocykl
Pedestrian	Pieszy
Police	Policja
Road	Droga
Speed	Prędkość
Street	Ulica
Traffic	Ruch Drogowy
Transportation	Transport
Truck	Ciężarówka
Tunnel	Tunel

Ecology
Ekologia

Climate	Klimat
Communities	Społeczności
Diversity	Różnorodność
Drought	Susza
Fauna	Fauna
Flora	Flora
Global	Światowy
Habitat	Siedlisko
Marine	Morski
Marsh	Bagno
Mountains	Góry
Natural	Naturalny
Nature	Natura
Plants	Rośliny
Resources	Zasoby
Species	Gatunek
Survival	Przetrwanie
Sustainable	Zrównoważony
Vegetation	Roślinność
Volunteers	Wolontariusze

Emotions
Emocji

Anger	Gniew
Bliss	Rozkosz
Boredom	Nuda
Content	Zawartość
Embarrassed	Zakłopotany
Fear	Strach
Grateful	Wdzięczny
Joy	Radość
Kindness	Życzliwość
Love	Miłość
Peace	Pokój
Relief	Ulga
Sadness	Smutek
Satisfied	Zadowolona
Surprise	Niespodzianka
Sympathy	Współczucie
Tenderness	Czułość
Tranquility	Spokój

Family
Rodzina

Ancestor	Przodek
Aunt	Ciotka
Brother	Brat
Child	Dziecko
Childhood	Dzieciństwo
Children	Dzieci
Cousin	Kuzyn
Daughter	Córka
Father	Ojciec
Grandfather	Dziadek
Grandson	Wnuk
Husband	Mąż
Maternal	Macierzyński
Mother	Matka
Nephew	Bratanek
Niece	Siostrzenica
Paternal	Ojcowski
Sister	Siostra
Uncle	Wujek
Wife	Żona

Farm #1
Gospodarstwo #1

Agriculture	Rolnictwo
Bee	Pszczoła
Bison	Bizon
Calf	Cielę
Cat	Kot
Chicken	Kurczak
Cow	Krowa
Crow	Wrona
Dog	Pies
Donkey	Osioł
Fence	Ogrodzenie
Fertilizer	Nawóz
Field	Pole
Goat	Koza
Hay	Siano
Honey	Miód
Horse	Koń
Rice	Ryż
Seeds	Nasiona
Water	Woda

Farm #2
Gospodarstwo #2

Animals	Zwierząt
Barley	Jęczmień
Barn	Stodoła
Corn	Kukurydza
Duck	Kaczka
Farmer	Rolnik
Food	Żywność
Fruit	Owoc
Irrigation	Nawadnianie
Lamb	Jagnię
Llama	Lama
Meadow	Łąka
Milk	Mleko
Orchard	Sad
Sheep	Owce
Shepherd	Pasterz
Tractor	Ciągnik
Vegetable	Warzywo
Wheat	Pszenica
Windmill	Wiatrak

Fishing
Wędkarstwo

Bait	Przynęta
Basket	Kosz
Beach	Plaża
Boat	Łódź
Cook	Gotować
Equipment	Sprzęt
Exaggeration	Przesada
Fins	Płetwy
Gills	Skrzela
Hook	Hak
Jaw	Szczęka
Lake	Jezioro
Ocean	Ocean
Patience	Cierpliwość
River	Rzeka
Water	Woda
Weight	Waga
Wire	Drut

Flowers
Kwiaty

Bouquet	Bukiet
Clover	Koniczyna
Daffodil	Żonkil
Daisy	Stokrotka
Gardenia	Gardenia
Hibiscus	Hibiskus
Jasmine	Jaśmin
Lavender	Lawenda
Lilac	Liliowy
Lily	Lilia
Magnolia	Magnolia
Orchid	Orchidea
Passionflower	Passionflower
Peony	Piwonia
Petal	Płatek
Plumeria	Plumeria
Poppy	Mak
Rose	Róża
Sunflower	Słonecznik
Tulip	Tulipan

Food #1
Jedzenie # 1

Apricot	Morela
Barley	Jęczmień
Basil	Bazylia
Carrot	Marchewka
Cinnamon	Cynamon
Garlic	Czosnek
Juice	Sok
Lemon	Cytryna
Milk	Mleko
Onion	Cebula
Peanut	Arachid
Pear	Gruszka
Salad	Sałatka
Salt	Sól
Soup	Zupa
Spinach	Szpinak
Strawberry	Truskawka
Sugar	Cukier
Tuna	Tuńczyk
Turnip	Rzepa

Food #2
Jedzenie # 2

Apple	Jabłko
Artichoke	Karczoch
Banana	Banan
Broccoli	Brokuły
Celery	Seler
Cheese	Ser
Cherry	Wiśnia
Chicken	Kurczak
Chocolate	Czekolada
Egg	Jajko
Eggplant	Bakłażan
Fish	Ryba
Grape	Winogrono
Ham	Szynka
Kiwi	Kiwi
Mushroom	Grzyb
Rice	Ryż
Tomato	Pomidor
Wheat	Pszenica
Yogurt	Jogurt

Fruit
Owoce

Apple	Jabłko
Apricot	Morela
Avocado	Awokado
Banana	Banan
Berry	Jagoda
Cherry	Wiśnia
Coconut	Kokos
Fig	Figa
Grape	Winogrono
Guava	Guawa
Kiwi	Kiwi
Lemon	Cytryna
Mango	Mango
Melon	Melon
Nectarine	Nektaryna
Papaya	Papaja
Peach	Brzoskwinia
Pear	Gruszka
Pineapple	Ananas
Raspberry	Malina

Furniture
Meble

Armchair	Fotel
Bed	Łóżko
Bench	Ławka
Bookcase	Regał
Chair	Krzesło
Comforters	Kołdry
Couch	Kanapa
Curtains	Zasłony
Cushions	Poduszki
Desk	Biurko
Dresser	Komoda
Futon	Futon
Hammock	Hamak
Lamp	Lampa
Mattress	Materac
Mirror	Lustro
Pillow	Poduszka
Rug	Dywan
Shelves	Półki

Garden
Ogród

Bench	Ławka
Bush	Krzak
Fence	Ogrodzenie
Flower	Kwiat
Garage	Garaż
Garden	Ogród
Grass	Trawa
Hammock	Hamak
Hose	Wąż
Lawn	Trawnik
Orchard	Sad
Pond	Staw
Porch	Ganek
Rake	Grabie
Shovel	Łopata
Terrace	Taras
Trampoline	Trampolina
Tree	Drzewo
Vine	Winorośl
Weeds	Chwasty

Geography
Geografia

Altitude	Wysokość
Atlas	Atlas
City	Miasto
Continent	Kontynent
Country	Kraj
Elevation	Podniesienie
Hemisphere	Półkula
Island	Wyspa
Map	Mapa
Meridian	Południk
Mountain	Góra
North	Północ
Ocean	Ocean
Region	Region
River	Rzeka
Sea	Morze
South	Południe
Territory	Terytorium
West	Zachód
World	Świat

Geology
Geologia

Acid	Kwas
Calcium	Wapń
Cavern	Grota
Continent	Kontynent
Coral	Koral
Crystals	Kryształy
Cycles	Cykle
Erosion	Erozja
Fossil	Skamieniałość
Geyser	Gejzer
Lava	Lawa
Layer	Warstwa
Minerals	Minerały
Molten	Ciekły
Plateau	Płaskowyż
Quartz	Kwarc
Salt	Sól
Stalactite	Stalaktyt
Stone	Kamień
Volcano	Wulkan

Hair Types
Rodzaje Włosów

Bald	Łysy
Black	Czarny
Blond	Blond
Braided	Pleciony
Braids	Warkocze
Brown	Brązowy
Colored	Kolorowe
Curls	Loki
Curly	Kręcone
Dry	Suchy
Gray	Szary
Healthy	Zdrowy
Long	Długie
Shiny	Błyszczący
Short	Krótki
Soft	Miękki
Thick	Gruby
Thin	Cienki
Wavy	Falisty
White	Biały

Herbalism
Zielarstwo

Aromatic	Aromatyczny
Basil	Bazylia
Beneficial	Korzystny
Culinary	Kulinarny
Fennel	Koper Włoski
Flavor	Smak
Flower	Kwiat
Garden	Ogród
Garlic	Czosnek
Green	Zielony
Ingredient	Składnik
Lavender	Lawenda
Marjoram	Majeranek
Mint	Mięta
Oregano	Oregano
Parsley	Pietruszka
Plant	Roślina
Rosemary	Rozmaryn
Saffron	Szafran
Tarragon	Estragon

Hiking
Turystyka Piesza

Animals	Zwierząt
Boots	Buty
Camping	Kemping
Cliff	Klif
Climate	Klimat
Guides	Przewodniki
Hazards	Zagrożenia
Heavy	Ciężki
Map	Mapa
Mountain	Góra
Nature	Natura
Orientation	Orientacja
Parks	Parki
Preparation	Przygotowanie
Stones	Kamienie
Summit	Szczyt
Sun	Słońce
Tired	Zmęczony
Water	Woda
Wild	Dziki

House
Dom

Attic	Strych
Broom	Miotła
Curtains	Zasłony
Door	Drzwi
Fence	Ogrodzenie
Fireplace	Kominek
Floor	Piętro
Furniture	Meble
Garage	Garaż
Garden	Ogród
Keys	Klucze
Kitchen	Kuchnia
Lamp	Lampa
Library	Biblioteka
Mirror	Lustro
Roof	Dach
Room	Pokój
Shower	Prysznic
Wall	Ściana
Window	Okno

Human Body
Ciało Ludzkie

Ankle	Kostka
Blood	Krew
Bones	Kości
Brain	Mózg
Chin	Podbródek
Ear	Ucho
Elbow	Łokieć
Face	Twarz
Finger	Palec
Hand	Ręka
Head	Głowa
Heart	Serce
Jaw	Szczęka
Knee	Kolano
Leg	Noga
Mouth	Usta
Neck	Szyja
Nose	Nos
Shoulder	Ramię
Skin	Skóra

Insects
Owady

Ant	Mrówka
Aphid	Mszyca
Bee	Pszczoła
Beetle	Chrząszcz
Butterfly	Motyl
Cicada	Cykada
Cockroach	Karaluch
Dragonfly	Ważka
Flea	Pchła
Grasshopper	Konik Polny
Hornet	Szerszeń
Ladybug	Biedronka
Larva	Larwa
Locust	Szarańcza
Mantis	Modliszka
Mosquito	Komar
Moth	Ćma
Termite	Termit
Wasp	Osa
Worm	Robak

Kitchen
Kuchnia

Apron	Fartuch
Bowl	Miska
Chopsticks	Pałeczki
Cups	Kubki
Food	Żywność
Forks	Widelce
Freezer	Zamrażarka
Grill	Grill
Jar	Słoik
Jug	Dzbanek
Kettle	Czajnik
Knives	Noże
Napkin	Serwetka
Oven	Piekarnik
Recipe	Przepis
Refrigerator	Lodówka
Spices	Przyprawy
Sponge	Gąbka
Spoons	Łyżki
To Eat	Jeść

Landscapes
Krajobrazy

Beach	Plaża
Cave	Jaskinia
Desert	Pustynia
Geyser	Gejzer
Glacier	Lodowiec
Hill	Wzgórze
Iceberg	Góra Lodowa
Island	Wyspa
Lake	Jezioro
Mountain	Góra
Oasis	Oaza
Ocean	Ocean
Peninsula	Półwysep
River	Rzeka
Sea	Morze
Swamp	Bagno
Tundra	Tundra
Valley	Dolina
Volcano	Wulkan
Waterfall	Wodospad

Literature
Literatura

Analogy	Analogia
Analysis	Analiza
Anecdote	Anegdota
Author	Autor
Biography	Biografia
Comparison	Porównanie
Conclusion	Wniosek
Description	Opis
Dialogue	Dialog
Fiction	Fikcja
Metaphor	Metafora
Narrator	Narrator
Novel	Powieść
Poem	Wiersz
Poetic	Poetycki
Rhyme	Rym
Rhythm	Rytm
Style	Styl
Theme	Temat
Tragedy	Tragedia

Mammals
Ssaki

Bear	Niedźwiedź
Beaver	Bóbr
Bull	Byk
Cat	Kot
Coyote	Kojot
Dog	Pies
Dolphin	Delfin
Elephant	Słoń
Fox	Lis
Giraffe	Żyrafa
Gorilla	Goryl
Horse	Koń
Kangaroo	Kangur
Lion	Lew
Monkey	Małpa
Rabbit	Królik
Sheep	Owce
Whale	Wieloryb
Wolf	Wilk
Zebra	Zebra

Math
Matematyka

Angles	Kąty
Arithmetic	Arytmetyka
Circumference	Obwód
Decimal	Dziesiętny
Diameter	Średnica
Division	Podział
Equation	Równanie
Exponent	Wykładnik
Fraction	Frakcja
Geometry	Geometria
Numbers	Liczby
Parallel	Równoległy
Parallelogram	Równoległobok
Polygon	Wielokąt
Radius	Promień
Rectangle	Prostokąt
Square	Kwadrat
Symmetry	Symetria
Triangle	Trójkąt
Volume	Objętość

Measurements
Pomiary

Byte	Bajt
Centimeter	Centymetr
Decimal	Dziesiętny
Degree	Stopień
Depth	Głębokość
Gram	Gram
Height	Wysokość
Inch	Cal
Kilogram	Kilogram
Kilometer	Kilometr
Length	Długość
Liter	Litr
Mass	Masa
Meter	Metr
Minute	Minuta
Ounce	Uncja
Ton	Tona
Volume	Objętość
Weight	Waga
Width	Szerokość

Meditation
Medytacja

Acceptance	Przyjęcie
Attention	Uwaga
Awake	Obudzić
Breathing	Oddechowy
Calm	Spokój
Clarity	Przejrzystość
Compassion	Współczucie
Emotions	Emocje
Gratitude	Wdzięczność
Habits	Nawyki
Kindness	Życzliwość
Mental	Psychiczny
Mind	Umysł
Movement	Ruch
Music	Muzyka
Nature	Natura
Peace	Pokój
Perspective	Perspektywa
Silence	Cisza
Thoughts	Myśli

Musical Instruments
Instrumenty Muzyczne

Banjo	Banjo
Bassoon	Fagot
Cello	Wiolonczela
Clarinet	Klarnet
Drum	Bęben
Flute	Flet
Gong	Gong
Guitar	Gitara
Harmonica	Harmonijka
Harp	Harfa
Mandolin	Mandolina
Marimba	Marimba
Oboe	Obój
Percussion	Perkusja
Piano	Pianino
Saxophone	Saksofon
Tambourine	Tamburyn
Trombone	Puzon
Trumpet	Trąbka
Violin	Skrzypce

Mythology
Mitologia

Archetype	Archetyp
Behavior	Zachowanie
Beliefs	Wierzenia
Creation	Kreacja
Creature	Stworzenie
Culture	Kultura
Deities	Bóstw
Disaster	Katastrofa
Heaven	Niebo
Hero	Bohater
Jealousy	Zazdrość
Labyrinth	Labirynt
Legend	Legenda
Lightning	Piorun
Monster	Potwór
Mortal	Śmiertelny
Revenge	Zemsta
Strength	Siła
Thunder	Grzmot
Warrior	Wojownik

Nature
Przyroda

Animals	Zwierząt
Arctic	Arktyczny
Beauty	Piękno
Bees	Pszczoły
Cliffs	Klify
Clouds	Chmury
Desert	Pustynia
Dynamic	Dynamiczny
Erosion	Erozja
Fog	Mgła
Foliage	Liści
Forest	Las
Glacier	Lodowiec
Peaceful	Spokojna
River	Rzeka
Sanctuary	Sanktuarium
Serene	Spokojny
Tropical	Tropikalny
Vital	Istotne
Wild	Dziki

Numbers
Liczby

Decimal	Dziesiętny
Eight	Osiem
Eighteen	Osiemnaście
Fifteen	Piętnaście
Five	Pięć
Four	Cztery
Fourteen	Czternaście
Nine	Dziewięć
One	Jeden
Seven	Siedem
Seventeen	Siedemnaście
Six	Sześć
Sixteen	Szesnaście
Ten	Dziesięć
Thirteen	Trzynaście
Three	Trzy
Twelve	Dwanaście
Twenty	Dwadzieścia
Two	Dwa
Zero	Zero

Nutrition
Odżywianie

Appetite	Apetyt
Balanced	Zrównoważony
Bitter	Gorzki
Calories	Kalorie
Carbohydrates	Węglowodany
Diet	Dieta
Digestion	Trawienie
Edible	Jadalny
Fermentation	Fermentacja
Flavor	Smak
Habits	Nawyki
Health	Zdrowie
Healthy	Zdrowy
Liquids	Płyny
Proteins	Białka
Quality	Jakość
Sauce	Sos
Toxin	Toksyna
Vitamin	Witamina
Weight	Waga

Ocean
Ocean

Algae	Glony
Coral	Koral
Crab	Krab
Dolphin	Delfin
Eel	Węgorz
Fish	Ryba
Jellyfish	Meduza
Octopus	Ośmiornica
Oyster	Ostryga
Reef	Rafa
Salt	Sól
Seaweed	Wodorost
Shark	Rekin
Shrimp	Krewetka
Sponge	Gąbka
Storm	Burza
Tides	Pływy
Tuna	Tuńczyk
Turtle	Żółw
Whale	Wieloryb

Pets
Zwierzęta Domowe

Cat	Kot
Claws	Pazury
Collar	Kołnierz
Cow	Krowa
Dog	Pies
Fish	Ryba
Food	Żywność
Goat	Koza
Hamster	Chomik
Kitten	Kotek
Leash	Smycz
Lizard	Jaszczurka
Mouse	Mysz
Parrot	Papuga
Paws	Łapy
Puppy	Szczeniak
Rabbit	Królik
Tail	Ogon
Turtle	Żółw
Water	Woda

Pirates
Piraci

Adventure	Przygoda
Anchor	Kotwica
Bad	Zły
Beach	Plaża
Captain	Kapitan
Cave	Jaskinia
Coins	Monety
Compass	Kompas
Crew	Załoga
Flag	Flaga
Gold	Złoto
Island	Wyspa
Legend	Legenda
Map	Mapa
Ocean	Ocean
Parrot	Papuga
Rum	Rum
Scar	Blizna
Sword	Miecz
Treasure	Skarb

Plants
Rośliny

Bamboo	Bambus
Bean	Fasola
Berry	Jagoda
Botany	Botanika
Bush	Krzak
Cactus	Kaktus
Fertilizer	Nawóz
Flora	Flora
Flower	Kwiat
Foliage	Liści
Forest	Las
Garden	Ogród
Grass	Trawa
Ivy	Bluszcz
Moss	Mech
Petal	Płatek
Root	Źródło
Stem	Łodyga
Tree	Drzewo
Vegetation	Roślinność

Professions #1
Zawody # 1

Ambassador	Ambasador
Astronomer	Astronom
Attorney	Adwokat
Banker	Bankier
Cartographer	Kartograf
Coach	Trener
Dancer	Tancerz
Doctor	Lekarz
Editor	Redaktor
Geologist	Geolog
Hunter	Myśliwy
Jeweler	Jubiler
Lawyer	Prawnik
Musician	Muzyk
Nurse	Pielęgniarka
Pianist	Pianista
Plumber	Hydraulik
Psychologist	Psycholog
Sailor	Marynarz
Tailor	Krawiec

Professions #2
Zawody # 2

Astronaut	Astronauta
Biologist	Biolog
Dentist	Dentysta
Detective	Detektyw
Engineer	Inżynier
Farmer	Rolnik
Gardener	Ogrodnik
Illustrator	Ilustrator
Inventor	Wynalazca
Journalist	Dziennikarz
Librarian	Bibliotekarz
Linguist	Językoznawca
Painter	Malarz
Philosopher	Filozof
Photographer	Fotograf
Physician	Lekarz
Pilot	Pilot
Surgeon	Chirurg
Teacher	Nauczyciel
Zoologist	Zoolog

Rainforest
Las Deszczowy

Amphibians	Płazy
Birds	Ptaki
Botanical	Botaniczny
Climate	Klimat
Clouds	Chmury
Community	Społeczność
Diversity	Różnorodność
Insects	Owady
Jungle	Dżungla
Mammals	Ssaki
Moss	Mech
Nature	Natura
Preservation	Konserwacja
Refuge	Schronienie
Respect	Szacunek
Species	Gatunek
Survival	Przetrwanie
Valuable	Cenny

Restaurant #1
Restauracja # 1

Allergy	Alergia
Bowl	Miska
Bread	Chleb
Cashier	Kasjer
Chicken	Kurczak
Coffee	Kawa
Dessert	Deser
Food	Żywność
Ingredients	Składniki
Kitchen	Kuchnia
Knife	Nóż
Meat	Mięso
Menu	Menu
Napkin	Serwetka
Plate	Talerz
Reservation	Rezerwacja
Sauce	Sos
Spicy	Pikantny
To Eat	Jeść
Waitress	Kelnerka

Restaurant #2
Restauracja # 2

Appetizer	Przystawka
Beverage	Napój
Cake	Ciasto
Chair	Krzesło
Delicious	Pyszny
Dinner	Obiad
Eggs	Jaja
Fish	Ryba
Fork	Widelec
Fruit	Owoc
Ice	Lód
Noodles	Makaron
Salad	Sałatka
Salt	Sól
Soup	Zupa
Spices	Przyprawy
Spoon	Łyżka
Vegetables	Warzywa
Waiter	Kelner
Water	Woda

School #1
Szkoła nr 1

Alphabet	Alfabet
Answers	Odpowiedzi
Books	Książki
Chair	Krzesło
Classroom	Klasa
Desk	Biurko
Exams	Egzaminy
Folders	Foldery
Friends	Przyjaciele
Fun	Zabawa
Library	Biblioteka
Lunch	Obiad
Markers	Markery
Math	Matematyka
Numbers	Liczby
Paper	Papier
Pencil	Ołówek
Pens	Długopisy
Quiz	Quiz
Teacher	Nauczyciel

School #2
Szkoła nr 2

Academic	Akademicki
Activities	Zajęcia
Backpack	Plecak
Books	Książki
Bus	Autobus
Calendar	Kalendarz
Computer	Komputer
Dictionary	Słownik
Education	Edukacja
Eraser	Gumka
Grammar	Gramatyka
Library	Biblioteka
Literature	Literatura
Paper	Papier
Pencil	Ołówek
Science	Nauka
Scissors	Nożyczki
Supplies	Dostaw
Teacher	Nauczyciel
Weekends	Weekendy

Science
Nauki Ścisłe

Atom	Atom
Chemical	Chemiczny
Climate	Klimat
Data	Dane
Evolution	Ewolucja
Experiment	Eksperyment
Fact	Fakt
Fossil	Skamieniałość
Gravity	Grawitacja
Hypothesis	Hipoteza
Laboratory	Laboratorium
Method	Metoda
Minerals	Minerały
Molecules	Cząsteczki
Nature	Natura
Organism	Organizm
Particles	Cząstki
Physics	Fizyka
Plants	Rośliny
Scientist	Naukowiec

Science Fiction
Fantastyka Naukowa

Atomic	Atomowy
Books	Książki
Chemicals	Chemikalia
Cinema	Kino
Dystopia	Dystopia
Explosion	Wybuch
Extreme	Skrajny
Fantastic	Fantastyczny
Fire	Ogień
Futuristic	Futurystyczny
Galaxy	Galaktyka
Illusion	Iluzja
Imaginary	Wyimaginowany
Mysterious	Tajemniczy
Oracle	Wyrocznia
Planet	Planeta
Robots	Roboty
Technology	Technologia
Utopia	Utopia
World	Świat

Scientific Disciplines
Dyscypliny Naukowe

Anatomy	Anatomia
Archaeology	Archeologia
Astronomy	Astronomia
Biochemistry	Biochemia
Biology	Biologia
Botany	Botanika
Chemistry	Chemia
Ecology	Ekologia
Geology	Geologia
Immunology	Immunologia
Kinesiology	Kinezjologia
Mechanics	Mechanika
Meteorology	Meteorologia
Mineralogy	Mineralogia
Neurology	Neurologia
Physiology	Fizjologia
Psychology	Psychologia
Sociology	Socjologia
Thermodynamics	Termodynamika
Zoology	Zoologia

Shapes
Kształty

Arc	Łuk
Circle	Koło
Cone	Stożek
Corner	Narożnik
Cube	Sześcian
Curve	Krzywa
Cylinder	Cylinder
Edges	Krawędzie
Ellipse	Elipsa
Hyperbola	Hiperbola
Line	Linia
Oval	Owal
Polygon	Wielokąt
Prism	Pryzmat
Pyramid	Piramida
Rectangle	Prostokąt
Side	Bok
Sphere	Kula
Square	Kwadrat
Triangle	Trójkąt

Spices
Przyprawy

Anise	Anyż
Bitter	Gorzki
Cardamom	Kardamon
Cinnamon	Cynamon
Clove	Goździk
Coriander	Kolendra
Cumin	Kminek
Curry	Curry
Fennel	Koper Włoski
Fenugreek	Kozieradka
Flavor	Smak
Garlic	Czosnek
Ginger	Imbir
Licorice	Lukrecja
Onion	Cebula
Paprika	Papryka
Saffron	Szafran
Salt	Sól
Sweet	Słodkie
Vanilla	Wanilia

Sports
Sporty

Athlete	Atleta
Baseball	Baseball
Basketball	Koszykówka
Bicycle	Rower
Championship	Mistrzostwo
Coach	Trener
Game	Gra
Golf	Golf
Gymnasium	Gimnazjum
Gymnastics	Gimnastyka
Hockey	Hokej
Movement	Ruch
Player	Gracz
Referee	Sędzia
Stadium	Stadion
Team	Zespół
Tennis	Tenis
To Swim	Pływać
Winner	Zwycięzca

Summer
Latem

Beach	Plaża
Books	Książki
Camping	Kemping
Diving	Nurkowanie
Family	Rodzina
Food	Żywność
Friends	Przyjaciele
Games	Gry
Garden	Ogród
Home	Dom
Joy	Radość
Leisure	Wypoczynek
Music	Muzyka
Relaxation	Relaks
Sandals	Sandały
Sea	Morze
Stars	Gwiazdy
To Swim	Pływać
Travel	Podróż
Vacation	Wakacje

Surfing
Surfing

Athlete	Atleta
Beach	Plaża
Beginner	Początkujący
Champion	Mistrz
Crowds	Tłumy
Extreme	Skrajny
Foam	Pianka
Fun	Zabawa
Ocean	Ocean
Paddle	Wiosło
Popular	Popularny
Reef	Rafa
Speed	Prędkość
Stomach	Żołądek
Strength	Siła
Style	Styl
To Swim	Pływać
Wave	Fala
Weather	Pogoda

Technology
Technologia

Blog	Blog
Browser	Przeglądarka
Bytes	Bajty
Camera	Kamera
Computer	Komputer
Cursor	Kursor
Data	Dane
Digital	Cyfrowy
Display	Wyświetlacz
File	Plik
Font	Czcionka
Internet	Internet
Message	Wiadomość
Research	Badania
Screen	Ekran
Statistics	Statystyka
Virtual	Wirtualny
Virus	Wirus

Time
Czas

Annual	Roczne
Before	Przed
Calendar	Kalendarz
Century	Stulecie
Clock	Zegar
Day	Dzień
Decade	Dekada
Early	Wczesny
Future	Przyszłość
Hour	Godzina
Minute	Minuta
Month	Miesiąc
Morning	Rano
Night	Noc
Noon	Południe
Now	Teraz
Soon	Wkrótce
Today	Dzisiaj
Week	Tydzień
Year	Rok

To Fill
Do Wypełnienia

Bag	Torba
Barrel	Beczka
Basin	Basen
Basket	Kosz
Bottle	Butelka
Box	Pudełko
Bucket	Wiadro
Carton	Karton
Crate	Skrzynia
Drawer	Szuflada
Envelope	Koperta
Folder	Folder
Jar	Słoik
Packet	Pakiet
Pocket	Kieszeń
Suitcase	Walizka
Tray	Taca
Tub	Wanna
Tube	Rura
Vase	Wazon

Town
Miasto

Airport	Lotnisko
Bakery	Piekarnia
Bank	Bank
Bookstore	Księgarnia
Cinema	Kino
Clinic	Klinika
Florist	Kwiaciarz
Gallery	Galeria
Hotel	Hotel
Library	Biblioteka
Market	Rynek
Museum	Muzeum
Pharmacy	Apteka
School	Szkoła
Stadium	Stadion
Store	Sklep
Supermarket	Supermarket
Theater	Teatr
University	Uniwersytet
Zoo	Zoo

Toys
Zabawki

Airplane	Samolot
Ball	Piłka
Bicycle	Rower
Boat	Łódź
Books	Książki
Car	Samochód
Chess	Szachy
Clay	Glina
Crafts	Rzemiosła
Crayons	Kredki
Doll	Lalka
Drums	Bębny
Favorite	Ulubiony
Games	Gry
Imagination	Wyobraźnia
Kite	Latawiec
Puzzle	Puzzle
Robot	Robot
Train	Pociąg
Truck	Ciężarówka

Vacation #2
Wakacje # 2

Airport	Lotnisko
Beach	Plaża
Camping	Kemping
Foreign	Zagraniczny
Foreigner	Cudzoziemiec
Holiday	Wakacje
Hotel	Hotel
Island	Wyspa
Journey	Podróż
Leisure	Wypoczynek
Map	Mapa
Mountains	Góry
Passport	Paszport
Restaurant	Restauracja
Sea	Morze
Taxi	Taxi
Tent	Namiot
Train	Pociąg
Transportation	Transport
Visa	Wiza

Vegetables
Warzywa

Artichoke	Karczoch
Broccoli	Brokuły
Carrot	Marchewka
Cauliflower	Kalafior
Celery	Seler
Cucumber	Ogórek
Eggplant	Bakłażan
Garlic	Czosnek
Ginger	Imbir
Mushroom	Grzyb
Onion	Cebula
Parsley	Pietruszka
Pea	Groch
Pumpkin	Dynia
Radish	Rzodkiewka
Salad	Sałatka
Shallot	Szalotka
Spinach	Szpinak
Tomato	Pomidor
Turnip	Rzepa

Vehicles
Pojazdy

Airplane	Samolot
Ambulance	Ambulans
Bicycle	Rower
Boat	Łódź
Bus	Autobus
Car	Samochód
Caravan	Karawana
Ferry	Prom
Helicopter	Śmigłowiec
Motor	Silnik
Raft	Tratwa
Rocket	Rakieta
Scooter	Skuter
Submarine	Łódź Podwodna
Subway	Metro
Taxi	Taxi
Tires	Opony
Tractor	Ciągnik
Train	Pociąg
Truck	Ciężarówka

Virtues #1
Cnoty # 1

Artistic	Artystyczny
Charming	Uroczy
Clean	Czysty
Confident	Pewni
Curious	Ciekawy
Decisive	Decydujący
Efficient	Wydajny
Funny	Zabawny
Generous	Hojny
Good	Dobry
Helpful	Pomocny
Independent	Niezależny
Intelligent	Inteligentny
Modest	Skromny
Passionate	Namiętny
Patient	Pacjent
Practical	Praktyczny
Reliable	Niezawodny
Wise	Mądry

Visual Arts
Sztuki Wizualne

Architecture	Architektura
Artist	Artysta
Ceramics	Ceramika
Chalk	Kreda
Clay	Glina
Composition	Kompozycja
Creativity	Kreatywność
Easel	Sztaluga
Film	Film
Masterpiece	Arcydzieło
Painting	Malarstwo
Pen	Długopis
Pencil	Ołówek
Perspective	Perspektywa
Photograph	Fotografia
Portrait	Portret
Pottery	Garncarstwo
Sculpture	Rzeźba
Varnish	Lakier
Wax	Wosk

Water
Woda

Canal	Kanał
Damp	Wilgotny
Evaporation	Parowanie
Flood	Powódź
Frost	Mróz
Geyser	Gejzer
Humidity	Wilgotność
Hurricane	Huragan
Ice	Lód
Irrigation	Nawadnianie
Lake	Jezioro
Moisture	Wilgoć
Monsoon	Monsun
Ocean	Ocean
Rain	Deszcz
River	Rzeka
Shower	Prysznic
Snow	Śnieg
Steam	Parowy
Waves	Fale

Weather
Pogoda

Atmosphere	Atmosfera
Breeze	Bryza
Climate	Klimat
Cloud	Chmura
Drought	Susza
Dry	Suchy
Fog	Mgła
Hurricane	Huragan
Ice	Lód
Lightning	Piorun
Monsoon	Monsun
Polar	Polarny
Rainbow	Tęcza
Sky	Niebo
Storm	Burza
Temperature	Temperatura
Thunder	Grzmot
Tornado	Tornado
Tropical	Tropikalny
Wind	Wiatr

Congratulations

You made it!

We hope you enjoyed this book as much as we enjoyed making it. We do our best to make high quality games.
These puzzles are designed in a clever way for you to learn actively while having fun!

Did you love them?

A Simple Request

Our books exist thanks your reviews. Could you help us by leaving one now?

Here is a short link which will take you to your order review page:

BestBooksActivity.com/Review50

MONSTER CHALLENGE!

Challenge #1

Ready for Your Bonus Game? We use them all the time but they are not so easy to find. Here are **Synonyms**!

Note 5 words you discovered in each of the Puzzles noted below (#21, #36, #76) and try to find 2 synonyms for each word.

Note 5 Words from *Puzzle 21*

Words	Synonym 1	Synonym 2

Note 5 Words from *Puzzle 36*

Words	Synonym 1	Synonym 2

Note 5 Words from *Puzzle 76*

Words	Synonym 1	Synonym 2

Challenge #2

Now that you are warmed-up, note 5 words you discovered in each Puzzle noted below (#9, #17, #25) and try to find 2 antonyms for each word. How many lines can you do in 20 minutes?

Note 5 Words from *Puzzle 9*

Words	Antonym 1	Antonym 2

Note 5 Words from *Puzzle 17*

Words	Antonym 1	Antonym 2

Note 5 Words from *Puzzle 25*

Words	Antonym 1	Antonym 2

Challenge #3

Wonderful, this monster challenge is nothing to you!

Ready for the last one? Choose your 10 favorite words discovered in any of the Puzzles and note them below.

1.	6.
2.	7.
3.	8.
4.	9.
5.	10.

Now, using these words and within a maximum of six sentences, your challenge is to compose a text about a person, animal or place that you love!

Tip: You can use the last blank page of this book as a draft!

Your Writing:

_____

_____

_____

_____

_____

_____

_____

_____

Explore a Unique Store
Set Up **FOR YOU!**

MEGA DEALS

BestActivityBooks.com/**TheStore**

Designed for Entertainment!

Light Up Your Brain With Unique **Gift Ideas**.

Access **Surprising** And **Essential Supplies!**

CHECK OUT OUR MONTHLY SELECTION NOW!

- Expertly Crafted Products -

NOTEBOOK:

SEE YOU SOON!

Linguas Classics Team

www.ingramcontent.com/pod-product-compliance
Lightning Source LLC
Chambersburg PA
CBHW082154120626

46553CB00010B/2883